# BIBLIOTHÈQUE
## DE L'ENFANCE,

Contenant: Anecdotes, Fables, Fabliaux, Historiettes, Contes Moraux, Petit Théâtre, Nouvelles, etc.

Pour l'instruction et l'amusement de la jeunesse,

Par M. DUCRAY-DUMINIL.

## CONTES DES FÉES.

Le Royaume des Papouffes.

# CONTES
# DES FÉES.

Par M. DUCRAY-DUMINIL.

TOME QUATRIÈME.

PARIS,

MÉNARD ET DESENNE, FILS,

LIBRAIRES, RUE GIT-LE-CŒUR, N° 8.

1819.

# CONTES DES FÉES.

## LE ROYAUME DES PAPOUFFES.

*Règne de* VENTRU, *second du nom.*

JE vous dirai, mes enfans, qu'il y avait, autrefois, tout au fond de l'Asie, un royaume que la mer baignait au midi. Au levant, il était bordé par des plaines immenses, où le bled poussait en tout temps. De grandes forêts d'oliviers, de citronniers, de ca-

caotiers et d'arbres à sucre le défendaient, au nord, des vents et des glaces de l'hiver. Enfin, on voyait, au couchant, de gras pâturages, où paissaient de nombreux troupeaux de bœufs, de vaches et de moutons. Ce royaume n'était pas fort grand ; il pouvait avoir cinquante lieues carrées ; mais son sol était extrêmement fertile en tout. Les fruits, les fleurs, tout poussait au-dessus de vous, devant vous, à vos pieds, et il n'y avait qu'à se baisser pour en prendre ; c'était un véritable pays de Cocagne.

Les Papouffes (ainsi s'appelait le peuple qui habitait ces délicieuses contrées) étaient les gens les plus heureux du monde, quoiqu'ils n'en fussent pas les plus beaux ; car ils étaient tous épais, courts, ramassés. Les hommes avaient des ventres gros comme celui de Polichinelle ; et quand on voyait les femmes marcher, on les aurait prises, à l'ampleur de leurs jupes, pour des petites tours qui avaient la faculté de se déplacer. Tous, hommes et femmes, portaient des visages larges, rouges, frais, où brillaient la sérénité, la santé et l'hilarité ; on croira cela facilement, quand on saura qu'ils n'avaient autre chose à faire que bien boire, bien manger, dormir la grasse matinée, jouer ensuite ou se promener. Voilà une vie bien agréable à mener, n'est-ce pas, mes enfans? et chacun de vous voudrait bien être un Papouffe.

Ceux-ci cependant ne devaient pas être constamment heureux ; car, ainsi que vous le verrez dans la suite de mon conte, l'oisiveté, la paresse et la gourmandise ne mènent à rien de bon.

Ils avaient été autrefois de beaux hommes, bien faits, sveltes, alertes, forts et laborieux; on les avait même estimés comme d'excellens guerriers, des gens industrieux, instruits, versés dans les sciences, dans les belles-lettres; mais alors ils ne formaient qu'une petite peuplade, à demi disciplinée, ne connaissant d'autre table, d'autre lit, qu'un tapis de gazon, et cherchant, au moyen de leurs arcs, dans les forêts, des animaux, qu'ils tuaient et rôtissaient pour leurs repas. Un d'eux, nommé Élaz Zoobobob Papouffe, se mit à leur tête, leur donna son nom et crut les civiliser en leur inculquant ses vices et sa paresse. Son successeur, Gorgé I$^{er}$, renchérit sur lui. Ventru I$^{er}$ vint ensuite et fut encore plus sybarite que son prédécesseur. Gorgé II, Gorgé III, achevèrent de perdre ce peuple, et enfin Ventru, second du nom, le livra, plus encore que les autres, à la mollesse et à la gourmandise la plus effrénée. Chacun des cinq rois que nous venons de nommer ayant régné long-temps, le beau sang de ce peuple s'épaissit dans la paresse et dans l'oisiveté. De génération en génération, leurs tailles se raccourcirent, leurs têtes s'élargirent, leurs ventres grossirent, et enfin ils devinrent tels que je vous les ai dépeints en commençant cette histoire.

Il est certain qu'ils habitaient un pays bien propre à les amollir. Leur second roi, Gorgé I<sup>er</sup>, s'étant avisé de semer du bled, s'aperçut qu'il poussait en tout temps, et qu'on en pouvait faire quatre récoltes par an : plantait-on des arbres fruitiers, des fleurs; tout venait à vue d'œil. La terre n'exigeait pas de culture ; tout grandissait comme par magie. Il n'était donc pas nécessaire de travailler pour obtenir de la nature tous ses trésors, qui coûtent si chers ailleurs aux hommes; il ne s'agissait plus que d'avoir un bon appétit et envie de bien dormir pour se porter à merveille.

Pour mieux donner une idée des lois et des mœurs de ce singulier peuple, esquissons le règne de Ventru, second du nom, qui les gouverna pour la sixième fois depuis leur civilisation prétendue.

Ventru, second du nom, était

le plus petit, le plus court des Papouffes de son empire ; ses jambes, hautes de six pouces et grosses comme des pots à beurre, supportaient deux énormes cuisses qui soutenaient à leur tour un corps fait comme cet instrument de musique militaire qu'on appelle une grosse caisse, un cou gros et court était fiché là-dessus, et sur ce cou on voyait une tête ronde, qui ressemblait exactement au plus gros de nos potirons. Ses bras étaient gras, ramassés ; ses mains larges, charnues comme deux épaules de mouton, et il ne pouvait pas les croiser sur son ventre, tant il était monstrueux. Ajoutez qu'il portait continuellement une robe ronde, de soie bleue, chamarrée d'or et d'argent, d'une ampleur extraordinaire, ce qui lui donnait l'air d'une guérite qui marche.

Que dis-je, marcher! il ne le pouvait pas, notre cher sire; il se faisait traîner dans un char roulant, et ses appartemens étaient tous de plein pied, au rez-de-chaussée, attendu qu'il lui était impossible de monter une seule marche d'escalier. Six esclaves le mettaient au lit le soir, et l'en retiraient le lendemain matin. Ces six esclaves le suivaient par-tout ; ils l'asseyaient, le retiraient de table, et souvent ils s'en adjoignaient six autres pour le porter dans ses jardins, sur un riche palanquin orné des longues plumes des oiseaux les plus rares.

Vous me demanderez si ce roi régnait bien ? Je vous répondrai que non. Il avait dix ministres sur lesquels il se reposait du soin de toutes les affaires, et ces ministres le trompaient à qui mieux mieux. Pour se dispenser même de la peine de signer, il leur avait donné sa griffe royale, et ils s'en servaient comme ils voulaient. Le peuple n'était pourtant pas malheureux; car les ministres ne songeaient qu'à boire, à manger comme leur maître : comme lui aussi, ils ne faisaient pas grand' chose, et tout allait comme tout pouvait aller.

Ventru, second du nom, avait, dès son avènement au trône, rendu une ordonnance dont voici les principaux articles.

« Celui qui se lèvera, en toute saison, plutôt que trois heures après le soleil levé, paiera une amende de dix bourses d'or.

« Il est défendu, sous peine d'amende encore, de rester moins de trois heures à son déjeûner, quatre heures à son dîner, une heure à son goûter et deux heures à son souper.

« Quiconque ne fera pas exactement, chaque jour, ses quatre repas, sera exilé de la capitale pendant un mois, qu'il ira passer à la campagne pour s'y faire traiter par son médecin; car, sans doute, c'est par cause de maladie qu'il aura perdu l'appétit.

« Il sera fait, tous les huit jours, sur chaque place publique, aux personnes les moins fortunées, une distribution gratuite de pain, de viandes, de poisson, de gibier, de pâtés, de charcuterie, de fromage, de fruits, de vin, de bierre, de cidre, de café, de sucre et de liqueurs ; on sera même libre de se griser du matin au soir, pourvu qu'on ne commette aucun délit contre les mœurs ni contre la sûreté publique.

« Si mandons et ordonnons de chanter, de rire et de s'amuser, sous peine d'être renfermé dans nos hôpitaux, pour y être traité par nos médecins, comme hypocondre ou attrabilaire, etc., etc. »

Je ne vous donne, mes enfans, qu'une idée imparfaite de ces lois somptuaires, bien différentes de celles des Romains. Il y en avait pour l'habillement, pour l'ameublement, pour la décoration des maisons, des jardins; il y en avait pour les jeux, les fêtes, les spectacles, les parties de campagne, les parties sur l'eau, les repas de famille; et toutes ces lois n'ordonnaient que plus de dépenses, plus de luxe, plus d'ivresse et de plaisirs. Voilà un législateur bien commode, n'est-il pas vrai? Aussi, le peuple s'en donnait-il *à cœur-joie*, comme disent les bonnes gens, et l'on ne pouvait faire un pas dans les rues, sans être heurté par une centaine d'ivrognes. Les indigestions étaient en permanence dans chaque maison, et les apothicaires faisaient fortune. Ventru, second du nom, donnait lui-même l'exemple des goguettes. Quand il avait bien mangé, bien bu, il paraissait sur une terrasse, et là, il riait, il chantait, il sautait, à la grande satisfaction du peuple assemblé, qui en faisait autant que lui, en sorte qu'on n'entendait qu'éclats de rire inextinguible depuis le prince jusqu'au dernier de ses sujets.

Ce peuple si facétieux, qui nageait au milieu de l'abondance, n'était pourtant pas riche ; la raison en est simple. Chacun ayant ce qu'il lui fallait, personne ne travaillait pour les autres. Il n'y avait, dans ce pays-là, ni tailleurs, ni cordonniers, ni épiciers, ni boulangers, ni par conséquent aucun des états qui caractérisent un peuple laborieux. Chacun faisait lui-même ses étoffes, ses habits, ses chaussures; et comme aucun ne trouvait assez de temps pour travailler, tous allaient mal vêtus, mal propres, pleins de taches et de trous. C'était même un coup-d'œil hideux que celui de ce peuple rassemblé; on ne voyait que bigarrure, misère et saleté dans les divers habillemens; et les étoffes que ces gens se procuraient, à grands frais, des contrées européennes, étaient décolorées, usées jusqu'à la corde, à force de les porter. Le roi seul, ses ministres et les grands de la cour avaient des bijoux, des diamans, qu'ils faisaient monter, travailler par leurs esclaves; ces esclaves n'étaient point des naturels du pays. Lorsque quelque vaisseau avait le malheur d'échouer sur la côte, au lieu de donner l'hospitalité aux naufragés qui le montaient, on les enfermait dans le palais du roi, où ils restaient en esclavage à perpétuité, avec leurs femmes et leurs enfans. On les faisait tous travailler aux divers métiers qu'ils exerçaient en Europe, et c'est ainsi qu'on avait des bijoutiers, des horlogers, etc., etc. Ces esclaves n'étaient cependant pas très à plaindre, car ils participaient aux bombances des Papouffes, et plus ils étaient adroits, plus ils travaillaient, plus ils étaient heureux.

Il est temps maintenant d'apprendre à mes jeunes lecteurs que Ventru, second du nom, avait un fils qui ne lui ressemblait en aucune manière. Ce jeune prince, nommé Candor, était aussi beau que le roi et ses sujets étaient laids. Sa taille était élancée, bien prise; il avait une figure charmante, distinguée, des yeux bleus, une chevelure blonde; il semblait, en un mot, avoir conservé seul le sang, la bonne mine et les vertus des anciens naturels du pays, avant qu'ils fussent dominés par leur premier roi Élaz Zoobobob Papouffe. Habile à tous les exercices du corps et de l'esprit, Candor était l'ennemi juré des ripailles, de la mollesse et de la fainéantise de son père; aussi n'en était-il pas très-aimé. Ventru, ne pouvant pas concevoir comment il avait donné le jour à un fils aussi bête, ainsi qu'il le jugeait, avait voulu en vain l'accoutumer à ne faire que boire, manger et dormir comme lui. Dès son enfance, Candor avait repoussé tout excès; il mangeait seul, peu, dormait à peine six heures, et passait son temps à travailler, à s'instruire dans la bibliothèque royale.

Devenu, à vingt ans, amoureux de la fille d'un grand de la cour, il la demanda pour femme à son père, qui n'osa pas la lui refuser pour éviter de discuter, de s'emporter, ce qui trouble toujours la digestion. On régla donc tout pour le cérémonial de cet illustre hymen. En vain Candor voulut qu'on n'y suivît pas certains usages ridicules ; trop heureux d'épouser sa chère Zelline, il ne voulut point contrarier son père, qui tenait à ce que son fils fût marié comme il l'avait été.

Le jour arrivé, les jeunes époux se rendirent à la mosquée, où ils furent unis. Ils en sortirent ensuite avec un cortége disposé dans l'ordre suivant :

Un détachement de la garde du roi ;

Un corps de musique ;

Un second détachement de la garde ;

Une longue file de cuisiniers portant tous les attributs de la cuisine ;

Un autre corps de musique ;

Cent marmitons, enchaînés deux à deux avec des guirlandes de saucisses ;

Deux files de porcs, ornés de fleurs, de rubans, de housses écarlates, conduits par des charcutiers et attelés par vingt mille aunes de boudin à un superbe buffet roulant, sur lequel on voyait exécutés toutes les sortes de mets que peut fournir le cochon ;

Un nouveau corps de musique ;

Cent bœufs gras, dans tout l'appareil où on les voit, au carnaval, à Paris ;

Deux cents jeunes bergères conduisant chacune un mouton avec un ruban ;

Deux cents pâtissiers chargés, chacun, d'un mets ou d'une friandise de leur état ; ces pâtissiers étaient suivis de douze chevaux traînant lentement un vaste plateau roulant, sur lequel on voyait un four véritable et des garçons pâtissiers qui y faisaient cuire des gâteaux, des brioches, des tartelettes; à mesure qu'ils les tiraient du four, ils les jetaient à droite et à gauche au peuple assemblé en foule;

Un autre grand plateau, sur dix roues, traîné également par des chevaux. Sur le fond de ce plateau on avait élevé, à la hauteur de quinze pieds, une petite maison de vigneron, dont les murs étaient tapissés, à l'extérieur, de vignes naturelles, pleines de grappes ; la porte, entr'ouverte, laissait voir une cuve, tous les attributs de la vendange. Sur le devant de la maison, on avait pratiqué un bassin élégant, plein de vin, au milieu duquel s'élevait une gerbe, de vin aussi, dont le réservoir était sous le grenier de la maison. Le trop plein de ce bassin, d'un genre nouveau, retombait dans des petits baquets qu'on livrait de temps en temps au public, à mesure qu'ils étaient pleins ;

Un troisième détachement de la

garde, mais sans armes ; chaque homme portait seulement, soit une oie, soit un coq-d'inde, soit une bécasse ; enfin, diverses volailles sortant de la broche, et dont le fumet embaumait les assistans ;

Les grands de la cour à cheval ;

Un corps de musique ;

Les ministres portant des ananas ;

Les tribunaux coupant des zestes d'oranges et de citrons ;

Le roi Ventru, porté par ses esclaves sur un riche palanquin, et entouré de truffes fumantes, dont l'odeur le faisait pâmer d'aise;

Troupes de bergers, de bergères jouant des instrumens champêtres;

Et enfin, les jeunes époux, dans le costume le plus galant, et assis sur un char traîné par dix superbes chevaux blancs;

Un détachement de troupes fermait cette marche, aussi burlesque que curieuse à voir.

Tout ce qui avait été porté en triomphe, en fait de gourmandises, fut distribué au peuple. Quant au roi Ventru, aux jeunes mariés et aux grands de la cour,

5.

ils s'assirent à un magnifique banquet, où furent servis les mets les plus exquis.

Ventru, second du nom, mangea tant, qu'il se donna, ce jour-là, une indigestion dix fois plus forte que celles qu'il avait eues jusqu'alors tous les deux jours; on fut obligé de le porter dans son lit, où son mal empira.

Ne doutant pas qu'il fût près de sa fin, il fit venir son fils près de son lit, et, après avoir ordonné à tout le monde de se retirer, il lui tint ce discours :

« Mon fils, je vais mourir

comme j'ai vécu ; c'est dire assez qu'un véritable Papouffe, comme moi, devait donner le premier et le plus bel exemple à son peuple, en finissant par une indigestion. Je sais que mes goûts ne furent jamais les vôtres ; vous êtes un philosophe, vous, et un ami chaud du pain et de l'eau. Si feue la reine, votre mère, n'avait pas vécu sans reproche, je croirais que vous n'êtes pas de mon sang, tant nous nous ressemblons peu. Aussi, je prévois avec douleur tout ce qui va arriver après moi. Vous allez vouloir faire subir à ce peuple une prétendue réformation, et vous allez d'abord le mettre à la diète, ce qui ne vaut rien pour sa santé. Vous voudrez le rendre plus frugal, vous n'en viendrez jamais à bout; mais c'est égal, vous le tourmenterez et vous le porterez au dernier désespoir. Qui sait si, dans sa douleur et après m'avoir en vain regretté, il ne se portera pas contre vous aux dernières extrémités ! J'en frémis ! Mais comme j'ai beaucoup de tendresse pour vous, malgré l'horreur que m'inspirent les buveurs d'eau, je vais vous donner un excellent conseil, à condition cependant que vous ne révélerez à personne le secret que je vais vous confier; et que même, si vous êtes jamais forcé d'en user, vous le ferez sans que qui que ce soit le connaisse et devine que c'est à lui que vous devez votre salut. Approchez-vous un peu de moi. »

Ici le roi Ventru continua plus bas : Vous saurez que mon premier prédécesseur, le très-illustre roi Élaz Zoobobob Papouffe, voulant rendre ce peuple heureux, demanda des conseils à la célèbre fée Méridienne, qui le protégeait.

Cette fée, amie de la bombance et du repos, lui donna le code des lois gourmandes qui régissent encore cet empire, et auxquelles j'ai eu le bonheur d'ajouter quelques articles. Mais un malin enchanteur, ennemi de la fée, déposa dans le palais un talisman renfermé dans un coffre de fer, et prétendit que dès qu'on l'ouvrirait ce peuple reviendrait à ses habitudes sauvages, serait forcé de se livrer de nouveau au travail, à la sobriété, et perdrait tous les goûts succulens que la fée Méridienne lui avait donnés. Candor ! si jamais les Papouffes se révoltent contre vous, servez-vous du talisman, et qu'ils redeviennent enfans des bois, enfans de la nature, tels qu'ils l'étaient. Vous trouverez ce précieux, mais funeste talisman, dans une armoire de fer qui est pratiquée dans la muraille, précisément derrière le chevet de mon lit. Promettez-moi cependant que, dans la crainte qu'un autre en fasse un perfide usage, vous garderez ce secret de la manière dont je vous l'ai ordonné. Jurez-le-moi sur... sur ce pâté de foies gras, que j'ai fait placer devant moi, sur ma table de nuit : je n'en puis pas manger, mais il me réjouit la vue.

Candor, pour flatter les dernières manies de son père, fit le serment dans la forme qu'il exigeait, et Ventru lui dit : Je suis content ; maintenant vous pouvez rappeler l'apothicaire.

Tous les apothicaires, tous les médecins du monde y perdirent leur latin ; Ventru, second du nom, expira entouré des débris du trop beau repas de nôces qu'il avait donné.

*Règne de* CANDOR I<sup>er</sup>.

Candor donna de justes regrets à la perte d'un père qui, au fond de l'âme, l'avait toujours estimé. Quant au peuple, il n'en parut pas affecté. Les Papouffes connaissaient le caractère de leur nouveau roi Candor, et s'attendaient très-bien à de grands changemens; mais les vieillards, rassasiés de tout et n'ayant plus de dents, n'étaient par fâchés d'une réforme, et les jeunes gens, ne pensant qu'aux plaisirs de leur âge, l'attendaient sans chagrin. Il n'y avait donc que les gens faits, les hommes de bon'appétit et dans la force de l'âge, qui pussent regretter Ventru, persuadés que son fils mettrait quelques bornes à leur voracité. Tous cependant virent avec joie Candor sur le trône; car c'est le propre des gens vertueux d'être estimés même de ceux qui redoutent leurs bonnes qualités.

Candor cependant voyait avec douleur les vices, la mollesse, la fainéantise qui rongeaient les Papouffes, et résolut de les en corriger. Son premier soin d'abord fut d'ouvrir, seul, l'armoire de fer, dans l'intention de la refermer bien vite, si le talisman lui paraissait trop dangereux à mettre en œuvre.

Il fut bien surpris de ne trouver dans le coffre qu'un cornet acoustique en or massif, avec ces mots écrits à côté : *Ce cornet magique te fera entendre la plus secrète pensée de celui qui paraîtra devant toi.*

Sous le cornet il y avait un autre écrit contenant ces mots : *Une horde de plus de cent mille sauvages s'apprête à fondre sur toi et ton peuple. Si tu comprends le sens de cet avis, renferme-moi,* et ne m'ouvre plus que lorsque tu auras remporté la victoire.

Candor ne prit que le cornet acoustique; il referma le coffre et le remit à sa place de manière à le rendre invisible à tous les regards.

Dès le lendemain il fit afficher cette proclamation :

Papouffes !

J'apprends à l'instant, et avec la plus vive douleur, que plus de cent mille anthropophages menacent votre territoire. Sous peu de temps ils seront dans vos murs. Si vous suivez à la lettre les ordres de votre *roi, il vous promet de vous faire sortir triomphans de cette guerre injuste.*

Que deviennent les Papouffes à cette terrible lecture ! Un peuple, abatardi par la paresse et la gourmandise, ne peut avoir ni le courage, ni la force de se défendre ; Celui-ci tremble, pleure, gémit ; les femmes poussent des cris affreux, et les hommes sont livrés à la stupeur la plus complète.

Tous courent au palais ; ils se prosternent à genoux dans les cours, et supplient, en versant des torrens de larmes, le vertueux Candor de les protéger. Candor paraît sur une terrasse : étourdi par les lamentations, par les gémissemens de son peuple, il demande qu'on lui envoie une députation.

Comment voulez-vous que je vous protége? dit-il aux délégués des Papouffes. Puis-je vous défendre seul? Et ne serai-je pas la première victime de cette horde de sauvages? Déposez tous vos instrumens de cuisine, de musique et de plaisirs! Apprenez à manier le fer; prenez des armes, et mettez-vous en état de vous défendre ! J'ai trouvé, parmi les esclaves de mon père, des officiers Anglais, Français, Allemands ; je leur ai donné la liberté à condition qu'ils vous apprendraient l'art de la guerre. Profitez de leurs leçons ; que les plus jeunes ne se livrent plus qu'à ces exercices ; que les hommes d'un certain âge fassent abstinence afin de maigrir et de recouvrer la force et l'énergie de leurs ancêtres. Je veux que désormais, et jusqu'à ce que le danger soit passé, chaque Papouffe ne fasse plus que trois repas modestes par jour; que le plus long ne dure pas plus d'une demi-heure, et qu'il passe le reste du temps à fabriquer, à manier des armes, sous la conduite d'excellens ouvriers et de braves guerriers que je lui donnerai pour maîtres. Moi-même, qui, sans prévoir un aussi funeste évènement, ai appris, dans des livres, ou en m'en occupant de mes mains, beaucoup d'arts utiles à la prospérité d'un empire, je vous donnerai des leçons. Suivez-moi, obéissez-moi, et vous ne craindrez plus de vils ennemis, aussi peu aguerris que vous l'êtes en ce moment-ci.

Le peuple, mou, lâche et sensuel, ne fut pas rassuré par ces ordonnances, que le roi fit proclamer; les Papouffes avaient le travail et la frugalité en horreur. C'était leur infliger une peine plus forte que celle de se battre; mais la peur des anthropophages l'emporta sur tout. Chacun se voyait déjà pris, tué ou dévoré par ces cannibales; et cette voix intérieure, qui crie à tout homme de se défendre plutôt que de se livrer lâchement, se fit entendre enfin dans le cœur des gras et lourds Papouffes.

En peu de temps les trois quarts des maisons furent converties en ateliers ; des forges furent établies, chacun travailla, chacun apprit, et l'on vit s'élever des manufactures d'objets, utiles d'abord à l'art de la guerre, et d'autres pour les casques, les cuirasses, les brassards, et tout l'habillement militaire.

Cependant les sauvages ne paraissaient point, et cela étonnait le peuple, qui, malgré cela, ne soupçonnait en rien la vérité du rapport de Candor; il s'entretenait même dans la terreur qu'il avait de ces cruels ennemis. Des alarmistes, des menteurs, des bavards, prétendaient en avoir rencontré quelques hordes à deux lieues de la ville, par ici, à trois lieues, par-là, etc. Les bonnes femmes répétaient ces bruits et augmentaient encore le nombre indiqué de ces prétendues légions d'ennemis. Quelquefois, au milieu de la nuit, on entendait, dans plusieurs rues de la ville, crier *aux armes !* pour quelques chats qui miaulaient, ou des chiens qui aboyaient. Cela redoublait l'effroi de ce peuple timide, et le forçait à travailler davantage pour se mettre plutôt en mesure.

Adieu gigots braisés, pâtés de jambon, dindes aux truffes, etc., etc. Les hommes ne mangeaient plus que du pain sec, en travaillant, et les femmes se faisaient à la hâte une chétive soupe en cousant les hardes militaires de leurs enfans ou de leurs maris.

Pendant que l'empire des Papouffes était livré à cette utile activité, Candor se plaignit un jour de s'être levé avec une espèce de surdité qui l'empêchait d'entendre aussi distinctement qu'auparavant. Il prétendit qu'un cornet acoustique lui devenait indispensable, et il mit au grand jour celui qu'il avait trouvé dans le coffre au talisman. Alors il fit venir les anciens ministres de son père, que, jusque là, il avait laissés en place.; il dit au premier : Rendez-moi compte de votre gestion des finances du royaume. Je veux dorénavant y travailler moi-même, et y mettre plus d'ordre qu'il n'y en a eu jusqu'à présent.

Le ministre rendit ses comptes; mais Candor, ayant appliqué à son oreille le cornet acoustique, entendit soudain, et à son grand étonnement, la pensée de cet homme, qui se disait intérieurement : Oh! si je n'avais pas gardé dix millions pour moi, il ne me laisserait rien, ce juif-là!

Candor, déposant son précieux cornet, dit à un de ses officiers : Qu'on aille sur-le-champ s'emparer, chez ce ministre prévaricateur, de tout ce qu'il possède, et qu'on me l'apporte. En attendant, faites-le garder à vue dans la salle prochaine.

Un autre ministre s'approchant, dit à Candor : Sire, vous avez bien raison de soupçonner sa délicatesse ; ce confrère-là ne m'a jamais plu, et vous verrez, par mon rapport, que j'ai gouverné l'intérieur de manière à mériter votre estime.

Candor, au moyen de son cornet, entendit que cet homme se disait : Hem ! le chien ! son père était un vieux cochon, celui-ci va être un tyran !

Mettez, dit Candor à ses gardes, cet homme-là dedans avec l'autre que je viens de faire arrêter.

Un troisième ministre s'avança, et Candor l'entendit se dire : Eh bien ! est-ce qu'il est fou ou méchant, ce misérable blanc-bec? S'il m'en fait autant, je le poignarde au milieu de sa cour.

Encore un prisonnier de plus, dit Candor ; qu'on l'ôte vîte de mes yeux !

Candor fit la même expérience sur les autres ministres, et tous, le maudissant au fond de l'âme, allèrent rejoindre les trois premiers détenus.

Un seul homme restait, qui se cachait timidement dans le fond de la salle. Candor l'apercevant, lui dit : Pourquoi me craignez-vous ? Qui êtes-vous ? — Sire, je fus, un moment, le chef de la justice ; mais, disgracié par les astuces des mauvais ministres que vous venez de punir si justement, je venais me présenter à votre majesté, avec la confiance qu'elle daignerait me rendre mon poste.

Candor entendit distinctement cet homme se dire au fond de l'âme : Ah ! si ce jeune prince

5.

possède, comme il le paraît, le talent de lire au fond des cœurs, il jugera le mien ! Il connaîtra mon innocence. Il saura que je n'ai jamais eu pour but que la justice et le bonheur du peuple !

Je vous rends votre charge, lui dit Candor, et de plus je vous fais mon premier ministre.

Un autre homme se présente et dit : Sire, donnez-moi la gestion des finances, et vous verrez le bon usage que j'en ferai.

Candor l'entend raisonner ainsi dans son intérieur : Si je puis obtenir cette belle place, sûr de n'y pas rester long-temps avec un petit sot de roi comme celui-là, je n'y travaillerai qu'à bien grossir ma fortune.

Candor lui dit : Retirez-vous et rendez-vous à la fonderie de canons, où je veux que vous travailliez pendant dix ans.

Un autre s'approche : Sire, s'écrie-t-il en s'inclinant presqu'à terre, votre Majesté est la sagesse même! je connais cet homme, il n'a jamais pensé qu'à lui. Moi, Sire, je suis bien différent; si vous daignez me donner un ministère, vous verrez que je m'en acquitterai à la satisfaction du peuple et de son roi.

Puis il ajoute dans son âme : Quel plaisir alors de me venger de mes ennemis ! de les faire pourrir en prison !

Homme personnel et vindicatif, lui répond Candor, je pénètre vos vues secrètes ; allez rejoindre celui qui sort, et travaillez, comme lui, à me fondre des canons.

Candor, après en avoir éprouvé une vingtaine de cette trempe, fit cette douloureuse réflexion : Eh quoi ! les hommes sont-ils tous de même ! Ne peuvent-ils approcher des rois sans sentir qu'ils leur doivent une véritable fidélité ! Ceux que je viens de voir ont tous l'âme vile et corrompue. Ne poussons pas plus loin, pour ma tranquillité, cette affligeante enquête. Fatal cornet ! présent funeste, je vais te briser; tu me ferais trop haïr l'humanité !

Il ne le brisa pas cependant ; mais il ne l'employa plus que rarement, et presque toujours il ne rencontra, dans ceux qui l'approchèrent, que des cœurs faux, ingrats, intéressés, pensant plus à eux qu'aux autres, parés d'un faux zèle et d'une feinte affection.

Ce cornet magique, que tout le monde voudrait bien posséder, lui servit néanmoins à se choisir des ministres, des amis, autant vertueux qu'ils pouvaient l'être chez un peuple amolli, sans âme comme sans énergie.

Ce peuple commençait à s'occuper sérieusement; mais les anthropophages ne paraissaient toujours point. Candor laissa s'écouler une année, au bout de laquelle il annonça qu'il avait appris, par des gens fidèles, que les sauvages, effrayés des préparatifs formidables que faisaient les Papouffes, avaient renoncé à leur projet d'invasion. Venus à vingt lieues des frontières, ils étaient retournés chez eux sur la certitude qu'on leur avait donnée qu'ils trouveraient, dans ce royaume, autant de soldats que d'hommes, et que cent machines de guerre les attendaient pour leur faire mordre la poussière.

A présent, ajouta Candor, que nous n'avons plus ces craintes, occupons-nous de faire fleurir les arts, le commerce. La mer baigne nos côtes, équipons des vaissaux, chargeons-les de nos marchandises, de nos riches récoltes, et portons-les à ceux qui en ont moins que nous; rapportons, en échange, de l'or, des pierreries, de riches étoffes, tout ce qui nous manque ici. Apprenons, en un mot, l'art de les tailler, de les façonner; que l'activité, le travail, la sobriété rendent à nos corps la souplesse de leurs muscles, les formes enfin mâles et nerveuses qui distinguent tous les autres peuples. Alors, mais seulement alors, les Papouffes ne seront plus, comme ils ont été jusqu'à présent, la risée de l'univers entier ; alors, et seulement alors, nous tiendrons notre place au milieu des peuples divers, et nous remplirons le but du Créateur, qui n'a mis l'homme sur la terre que pour qu'il se distingue par ses talens, ses vertus et sa moralité.

Le peuple papouffe était déjà habitué au travail ; son activité changea d'objets et n'en fut pas moins remarquable. Cette proclamation de Candor, accompagnée de lois douces, mais fermes, parut juste, raisonnable. On renferma dans des arsenaux tous les instrumens de guerre que la peur avait fait fabriquer ; on expédia des vaissaux ; on vit ouvrir, dans chaque ville, des boutiques d'orfèvres, de marchands de diverses étoffes, etc., etc. On s'occupa des lettres, des arts, et la table, tenue avec simplicité, ne devint plus la principale affaire des Papouffes. Leur santé s'en améliora; leurs enfans vinrent au monde minces, droits, bien portans; et, par la suite, toute la population fut aussi belle que l'avait été celle de leurs ancêtres.

Candor pensa un jour à regarder le talisman de l'armoire de fer, ainsi qu'on le lui avait prescrit. Tout avait disparu ; il n'y avait plus que ces mots, qui s'effacèrent d'eux-mêmes aussitôt que Candor les eût lus :

*Tu m'as compris ; sache que c'est la déesse de la sagesse elle-même qui a daigné descendre des cieux pour te donner cet avis. Sois heureux et règne long-temps sur un peuple qui maintenant mérite de l'être.*

Candor vit fleurir en effet ses sages lois ; il eut des enfans qui régnèrent après lui, avec la même prudence, le même bonheur, et l'on vit briller, pendant des siècles, dans l'Asie, le royaume des Papouffes, dont le nom seul avait paru, jusqu'alors, aussi bouffon que ridicule.

Quant au cornet acoustique, il le brisa définitivement, le jugeant plus propre à affliger ses descendans qu'à les éclairer. Voilà pourquoi ce précieux cornet ne se trouve plus chez aucun roi de la terre.

Biscotin.

# BISCOTIN.

C'était un garçon de ferme, si simple, si niais, que tout le monde le méprisait et se moquait de lui; les enfans du village le montraient au doigt quand il passait; on lui jetait des pierres, de la boue, et Biscotin se contentait de ricaner, sans songer à corriger cette impertinente jeunesse. Il avait pourtant vingt-quatre ans, et il était fort comme un Turc. Un jour, son maître le renvoya pour une nouvelle maladresse. Biscotin, n'osant se proposer à d'autres fermiers, qui le connaissaient pour un sot, s'en alla en pleurant comme un grand nigaud.

Il était neuf heures du matin, il n'avait pas déjeûné; mais il n'y pensait pas, et marchait en ne songeant qu'à sa triste aventure. Après avoir marché une heure, il s'assit sur le gazon et se dit: Suis-je ti assez malheureux d'être bête, tandis que tout le monde a de l'esprit ! i'me disent tous *t'es t'une bête! t'es t'une bête!* Je l'savons ben que je n'sommes qu'une bête; mais encore une fois, c'est i ma faute ? si j'sommes né com'ça, est-ce que j'pouvons me changer ? pas pus que d'changer de figure. Hom! si j'avions de l'esprit ! seulement un petit moment, j'me tirerions joliment d'affaire, et je m'moquerions à mon tour d'ceux qu'en aurions moins qu'moi!

Comme il disait ces mots, il aperçut une petite fauvette qui chantait sur une branche d'arbre d'un bois voisin. A l'instant, un oiseau de proie fondit sur la jolie chanteuse, et il l'emportait déjà lorsque Biscotin, qui avait le cœur très-bon, saisit une forte

pierre et la lança ave
vigueur à l'oiseau ravis
celui-ci, blessé au cou
fauvette et s'envola en
l'aile, comme s'il allait
Pour la fauvette, elle
dans le bois. C'est bier
Biscotin, en narguant l
proie! Ça t'apprendra
pus d'esprit ou de for
autre! Et voilà comme
sont toujours mangé
petits.

Il se sent frapper lé
sur l'épaule; il se ret
aperçoit une belle dam

BISCOTIN. 69

magnifiquement, et qui tient, dans sa main droite, une baguette noire. Biscotin, lui dit la dame, me reconnais-tu? — Non, morguienne, madame, j'navons pas cet honneur-là. — Tu viens de me voir! — Quand? — A l'instant. — Tout-à-l'heure? Ah! c'est que madame aura passé près de moi, sans que j'layons remarquée. J'ons un sujet d'chagrin qui m'occupe tant! — Je connais ton chagrin; mais revenons à moi. Je suis la timide fauvette que tu viens de préserver de la dent d'un cruel oiseau de proie, et je suis

pierre et la lança avec tant de vigueur à l'oiseau ravisseur, que celui-ci, blessé au cou, lâcha la fauvette et s'envola en tirant de l'aile, comme s'il allait tomber. Pour la fauvette, elle disparut dans le bois. C'est bien fait, dit Biscotin, en narguant l'oiseau de proie! Ça t'apprendra à avoir pus d'esprit ou de force qu'un autre ! Et voilà comme les bons sont toujours mangés par les petits.

Il se sent frapper légèrement sur l'épaule ; il se retourne et aperçoit une belle dame, vêtue

# BISCOTIN. 69

ement, et qui tient, dans
droite, une baguette
cotin, lui dit la dame,
nais-tu? — Non, mor-
madame, j'navons pas
ar-là. — Tu viens de
— Quand? — A l'ins-
ut-à-l'heure? Ah! c'est
ne aura passé près de
que j'layons remarquée.
ajet d'chagrin qui m'oc-
— Je connais ton cha-
s revenons à moi. Je
mide fauvette que tu
réserver de la dent d'un
au de proie, et je suis

en même-temps la fée Babonnette, qui reprend sa forme humaine pour te récompenser d'une bonne action. Voyons, que veux-tu ? — Mais, madame..... j'sommes ben embarrassé. — Je t'ai entendu tout-à-l'heure désirer de l'esprit. — Oh ça, c'est vrai ; car j'sommes si bête, si bête !.... — Eh bien ! je puis te faire ce cadeau ; mais écoute auparavant. Mon art ne me permet de te donner qu'une seule chose, soit de l'esprit, soit du jugement. — Du juchement ? Quoiqu'c'est qu'çà ? — Du jugement, mon garçon, sert à juger...

— Oh! je n'voulons pas être juge. — Tu ne m'entends pas ; je veux dire que tu pourras discerner le bien du mal, agir sensément, te conduire enfin avec droiture. — J'ons toujours vécu en honnête homme. — Je le sais ; mais.... — Non, de l'esprit, madame la fée, si vous voulez ben ; ça fera que j'pourrons à mon tour m'moquer des autres. — Si tu m'en croyais, tu préférerais le jugement. Je puis te le donner sans l'esprit, comme il ne m'est permis de te donner que l'esprit sans y joindre le jugement, qui, selon moi, te serait plus utile que l'autre. — Ah! madame, l'esprit ? je vous en prions à genoux. — Lève-toi, et va où tu voudras; mais garde-toi bien de dire à qui que ce soit le don que je te fais, ni la manière dont l'esprit te sera venu. A l'instant même où tu commettrais une pareille indiscrétion, tu redeviendrais plus sot, plus imbécille qu'auparavant.

Elle le frappe de sa baguette, disparaît, et soudain Biscotin se sent tout autre qu'il était. Il semble qu'un nuage, jeté jusqu'alors sur ses yeux, sur sa pensée, est tombé, et qu'il voit les choses sous un tout autre aspect; son individu, en un mot, n'est plus du tout le même, et il ne sait s'il doit se féliciter d'un pareil changement; car la lumière qui l'éclaire maintenant câdre mal avec sa blouse de chárretier, ses cheveux plats, ses guêtres et sa figure de niais. Il pense au Biscotin qu'on a renvoyé le matin, et se dit : Maître Pierre ne pouvait pas garder en effet un pareil imbécille ! A sa place, moi, je n'aurais pas pu le souffrir.

Chose étonnante ! jusqu'à son organe qui est changé ! Il parle purement à présent ; ce n'est plus son grossier patois ; il ne fait plus de faute contre la langue ; il lui paraît même qu'il a des manières, un bon ton, il est enchanté.

Il retourne chez son maître et lui dit : Maître Pierre, vous m'avez renvoyé ce matin, et alors vous pouviez avoir raison ; car je paraissais être le plus grand sot de la terre, mais je suis bien changé depuis, et vous voyez maintenant en moi un garçon plein d'esprit.

Maître Pierre éclate de rire et lui répond : Toi, tu as de l'esprit ! — Oui, et j'en ai plus que vous. — Plus que moi, c'est un peu fort ! — Vous ne vous en apercevez pas à ma manière de m'exprimer ? Je ne dis plus *j'étais ti, j'étais ta;* plus de *j'avions, j'étions, je venions.* Je parle français tout aussi bien que M\*r\* le curé, et mieux, je vous l'assure, qu'il ne parle latin.

Mais, en effet, réplique maître

Pierre étonné, je ne reconnais plus ton langage lourd, ignorant.

— Je pétille d'esprit, vous dis-je, et je vous en donnerai mille preuves, si vous voulez me reprendre chez vous. Je vous dirai des choses charmantes ; j'amuserai madame Pierre par des petits contes que j'improviserai, et je donnerai de l'instruction, de l'esprit à vos enfans, qui sont aussi bêtes que votre femme et vous.

Maître Pierre, surpris de plus en plus, se met en colère : Ah ça ! mon drôle, dit-il, reviens-tu pour me dire des sottises ?

— Des vérités, maître Pierre. Là, convenez que vous n'avez pas autant d'esprit que moi. Allons, allons, vous ne pouvez pas vous le dissimuler. — Cela peut être ; mais c'est donc que tu as caché ton jeu tout le temps que tu as été chez nous ? Tu y es resté quatre ans à me faire cent sottises, tu en avais fait mille chez le voisin Guillaume ; quand je t'ai pris sortant de chez lui, tu faisais donc le niais exprès ? dis, mauvais sujet.

Biscotin répond : Je voulais voir si vous auriez tous le talent de démêler le mérite au milieu de l'enveloppe grossière dont je l'avais entouré à dessein. Vous avez donné dans le piége, ce n'est pas ma faute ; mais reprenez-moi, et je ne dissimulerai plus mon esprit à vos regards aussi charmés qu'étonnés.

Comme il parle, répart maître Pierre! Ce n'est vraiment plus ce Biscotin si bête, qui faisait toujours le contraire de ce que je lui ordonnais, qui se laissait moquer par tous les enfans du village ; on dirait, ma foi, entendre Mr le curé ou le magister. —

Bah, votre magister! c'est un sot, qui ne soutiendrait pas avec moi la moindre conversation. Je suis comme un feu toujours roulant; c'est, vous dis-je, un feu d'artifice que l'élan de ma pensée; des traits d'esprit, des bons mots, des vers même jaillissent de mon cerveau, comme les grands jets d'eau du parc du seigneur de ce lieu; ma verve s'élancerait jusqu'aux cieux, si elle pouvait y atteindre. — Quel jargon est cela? Je commence à ne plus te comprendre; c'est trop spirituel. — Vous en convenez donc? — Ah!

malin, vous avez fait la bête ! — Je me suis donné ce petit plaisir-là pour m'amuser à vos dépens. — Plaisant amusement, qui retombait sur tes épaules; car je t'ai donné souvent, pour tes lourdes sottises, des coups de gaule que tu aurais pu t'éviter. — Si j'étais aussi peu indulgent que vous l'étiez, je pourrais vous les rendre à présent. — Oui, ah! il faudrait voir cela, par exemple, cela serait assez farce. — De quelle expression ignoble et basse vous servez-vous ? *assez farce!* Pouvez-vous m'écorcher ainsi les oreilles.—Tant pis pour tes oreilles. De longues qu'elles étaient, elles sont devenues bien délicates! — Ah! des oreilles délicates, quel néologisme! — Qu'est-ce qu'il veut dire avec son nez au logis? Oh çà, vas-tu faire le pédant avec moi? va-t'en au diable; il me faut un garçon de charrue, et non pas un savant qui parle de manière à n'être compris de personne. — Je sais bien que les sots trouveront encore ce langage extraordinaire; ils ne sont pas faits pour m'entendre. — Insolent! veux-tu sortir? — Oh, mon Dieu ! pas de bruit , maître Pierre , j'étais bien aise de vous donner cette petite leçon, en vous apprenant quelle perte vous faisiez en moi ; vous la connaissez, je me retire et je vais m'amuser à en mystifier d'autres ; car vous savez , ou vous ne savez pas , ce vers si connu :

Les sots sont ici-bas pour nos menus plaisirs.

Maître Pierre saute sur un manche à balai pour en frotter le dos de Biscotin ; mais celui-ci se sauve et va faire enrager, de la même manière, le curé, le magister, ses anciens maîtres, tous ceux qu'il peut rencontrer.

Chacun, bien étonné, ne peut rien concevoir à un pareil changement ; il existe cependant, il est réel. Ce Biscotin, si niais, a maintenant un esprit qui confond les hommes les plus éclairés. Il lit, il écrit comme un ange ; il s'exprime avec autant de grâce que d'éloquence ; il cite même des auteurs et sait des tirades des œuvres de nos plus grands poëtes. Où, quand et comment a-t-il appris cela ? Il n'est bruit dans le village que de sa métamorphose, et la nouvelle en vient jusqu'aux oreilles du seigneur. Le comte de ***, qui l'a souvent rencontré et qui s'est moqué de lui comme tout le monde, veut le voir. Biscotin se rend à ses ordres.

Monseigneur, dit-il en saluant avec autant de grâce que de politesse, monseigneur m'a fait l'honneur de me demander? — Oui, mon ami, j'ai desiré m'assurer par moi-même des merveilles qu'on dit de toi. — Quelles merveilles, monseigneur? il n'y en a point, et, je vous demande pardon, je ne suis pas une curiosité à montrer en foire. — Ce n'est pas là ce que je veux dire. Mais on prétend que tu as fait la bête, depuis six ans que tu es venu t'établir dans ce village, et qu'aujourd'hui tu développes une érudition et un esprit vraiment extraordinaire ? — Il y a quelque chose de vrai dans tout cela, monseigneur, et je ne puis pas avoir la fausse modestie de dissimuler que je possède en effet tout l'esprit qu'un homme peut avoir. — Ce serait presque en manquer que d'en convenir ; car il vaut mieux faire briller son esprit que de s'en vanter. — Monseigneur a parfaitement raison, mais à l'égard de toute autre personne que moi. Qu'il veuille bien réfléchir qu'ayant passé six ans pour une bête, j'ai bien acquis le droit de dire aux gens : Vous vous êtes trompés, je ne l'étais pas ; j'ai au contraire infiniment d'esprit ; je me fais à présent un devoir de vous le prouver. — Pas mal répondu.... Mais pourquoi as-tu joué ce rôle, qui t'a valu des sottises et des coups ? — Monseigneur, chacun a son secret ; j'avais bien mes raisons pour en agir ainsi, et il m'est défendu de les dire. — En ce cas, je ne te presserai plus de questions là-dessus. Il est impossible d'avoir une idée plus bizarre que celle de se faire passer pour un imbécille, quand on ne l'est pas ; mais je me contente de te demander que tu me donnes des preuves de cet esprit, qui t'est venu tout de suite, ou que tu as si bien voilé.

Biscotin se rapproche du comte et lui répond : J'oserai dire à monseigneur que la sommation qu'il me fait prouverait presque qu'il n'entend pas très-bien ce que c'est que l'esprit, ni en quoi il consiste. Peut-on le faire briller à volonté comme un art, comme un musicien qui joue en perfection d'un instrument? celui-là prend son violon; il vous étonne, il vous enchante, il vous ravit. Il finit et vous a donné une preuve irrécusable de son talent. Mais une preuve d'esprit, c'est bien différent; un langage pur l'annonce d'abord dans un homme. Sa pensée vient ensuite s'exprimer sur ses lèvres avec une précision, une netteté qui annonce de l'ordre, de la raison, et de l'harmonie dans ses idées. Il ne dit rien comme un autre. Il orne tout, il embellit tout des fleurs d'une rhétorique serrée, claire, lumineuse ; enfin il fait qu'on est charmé de sa conversation, qu'on voudrait toujours le voir et l'entendre. Il ressemble à ces belles fleurs d'un parterre, qu'on a peine à quitter, dont l'odeur suave vous suit encore au loin, même quand vous ne les voyez plus.

Le comte se retourne vers la comtesse son épouse, qui a voulu voir aussi Biscotin, et lui dit : Qu'en dites-vous, comtesse ? y a-t-il rien de plus étonnant que ce garçon-là? — J'en suis enchantée, mon cher comte. Je comptais bien rire de ses balourdises ; mais je vous avoue que je ne trouve rien de plaisant dans tout cela. Je l'admire, voilà tout.

Biscotin réplique : L'admiration, madame la comtesse, doit être réservée pour les dames. La femme, ce merveilleux ouvrage de la nature, est, quand il sort bien fait des mains du Créateur, un composé de toutes les perfections humaines, même idéales. Voyez une femme complètement belle; elle a tout bien, depuis le plus petit doigt du pied, jusqu'à la pointe de ses cheveux. La carnation, le teint, tout est parfait ; et si l'on détachait, de son ensemble, un de ces charmes, ce charme unique ferait encore la beauté d'une autre femme de beaucoup moins bien qu'elle. Voilà pour son physique. Son moral est encore plus admirable. Je n'en ferai pas le détail, attendu que tous ceux qui aiment les dames connaissent comme moi, leurs vertus, leur tact fin, délicat, leur pénétration, et sur-tout leur aimable et douce sensibilité. Gardons pour elles notre admiration ; les hommes ne doivent tendre qu'à se faire estimer.

Il est charmant, s'écrie la comtesse, et je ne me lasse pas de l'entendre.

Le comte lui répond : Qui croirait que sous cette blouse il y a tant de mérite ! Biscotin, je cherchais par-tout un secrétaire ; vous m'en servirez.

On remarquera que le comte ne tutoie plus Biscotin ; preuve de l'espèce de vénération qu'inspire toujours le talent. Mais ce n'est pas tout d'avoir du talent, il faut encore savoir le faire valoir avec modestie, sans trop blesser l'amour-propre des autres ; c'est ce que ne fera pas Biscotin, qui, comme l'on sait, manque de jugement.

On le fait changer d'habits, et il est vraiment très-bien sous les vêtemens d'un homme du monde, dont il a l'aisance et toutes les manières; il en est si fier qu'il ne regarde plus les gens. Il humilie ses anciens camarades, il se pavane, il se quarre, et personne n'est plus digne de l'approcher.

Il traite même le comte, qu'il regarde comme un ignorant en comparaison de lui, avec un orgueil qui étonne d'abord celui-ci, et qui le fâche peu-à-peu. Quand le comte parle, Biscotin le reprend sur la langue. Si le comte lui dicte des lettres, Biscotin veut lui prouver qu'il n'a pas le sens commun, change ses phrases et met son esprit à la place de celui de son maître.

C'est ainsi que, pour une simple lettre d'invitation à dîner, que le comte commence à lui dicter ainsi : *Je vous prie, mon ami, de* venir dîner demain au château. Nous ne serons que quatre, vous, votre aimable femme, la comtesse et moi, Biscotin, trouvant cela trop uni, trop familier, veut écrire :

« L'amitié divisée perd de son prix. Restant toujours chez vous, ô le meilleur de mes amis ! et moi chez moi, nous ne pouvons éprouver ses douces étreintes, ressentir ses tendres émotions. C'est pourquoi je vous invite à venir dîner demain au château avec mon épouse et moi. Donnez-nous une marque sensible de votre attachement, en nous *amenant la vôtre, qui fait le charme de votre vie, comme elle fait celui de toutes les sociétés qui ont le bonheur de la posséder. Nous formerons deux tête-à-têtes des plus délicieux* ».

Le comte trouve avec raison que toutes ces belles phrases forment un véritable galimatias ; Biscotin prétend que c'est là le style des nobles et des beaux-esprits. Par exemple, dit-il, est-il de votre dignité, monseigneur, de traiter madame la comtesse de *votre femme ?* — Pourquoi non ? répond le comte ; n'est-elle pas ma femme ? — Sans doute ; mais c'est une locution basse qu'il faut laisser aux petits bourgeois. Un grand seigneur a une épouse. — Mais, vous qui êtes si difficile, monsieur l'homme au grands airs, il y a dans votre projet de lettre un *c'est pourquoi* que je trouve bien plat ! — C'est le commencement copulatif d'une phrase qui veut dire *c'est pour ces raisons ; c'est pour ces motifs ; c'est en considération de cela.* — Au surplus, apprenez, monsieur Biscotin, que le prétendu tendre ami, dans la société duquel vous vouliez me faire ressentir *des étreintes, des émotions,* n'est qu'un vieillard de quatrevingt-dix ans, ancien intendant de mon père, presque aveugle, à qui je fais une pension de retraite, parce que j'ai conservé quelque attachement pour lui. Vous saurez encore que *son épouse,* qui fait *le charme de sa vie comme celui de toutes les sociétés,* est presque aussi âgée que lui, sourde, ridée, cassée, et que je ne l'ai qualifiée d'aimable que par politesse d'abord, et ensuite parce qu'elle est très-bonne et raconte de vieilles anecdotes avec beaucoup de gaieté. — En ce cas, monseigneur, vous avez eu tort de.... — Tort! allez-vous me donner des leçons de conduite? — Monseigneur, j'en donnerais à bien d'autres, s'ils voulaient les écouter.

Le comte se fâcha, Biscotin insista, il s'ensuivit une querelle, et, par la suite, il y en eut tant du même genre que le comte renvoya l'entêté Biscotin, en lui disant qu'il avait besoin d'un secrétaire, et non d'un pédant et d'un insolent comme lui.

De plus en plus fier de son

mérite, Biscotin vint à Paris, perdit son temps à faire des brochures, des pièces de théâtre, bien écrites, mais où il n'y avait pas l'ombre de conduite et d'intérêt. Il se fit siffler, moquer ; on cabala contre lui, et, comme il ne se conformait à aucune convenance sociale, il se vit chasser de toutes les maisons, de toutes les places qu'il occupa tour-à-tour, un mois ou deux tout au plus, tant il se fit généralement détester.

Fatigué à la fin d'entendre toujours répéter à ses oreilles : *oui, il a de l'esprit, mais pas de jugement*, il sentit qu'il avait sans doute eu tort de choisir l'un exclusivement aux dépens de l'autre, et, se trouvant fort malheureux depuis qu'il avait tant de mérite, il résolut d'aller se cacher dans quelque village, où il prendrait la modeste place de maître d'école, s'il pouvait en trouver une.

Il se mit donc en voyage, à pied, et comme il passait près de la lisière d'un bois, la chaleur du jour l'engagea à s'y asseoir à l'ombre : là, il récapitula toutes les actions de sa vie, et sentit qu'il avait eu continuellement tort. L'esprit, se dit-il, est un mauvais fanal; il ne règle pas la conduite. Le jugement seul a ce rare privilége et j'aimerais mieux être simple fermier, comme maître Pierre, avec son jugement sain, son gros bon sens, que de faire encore le bel-esprit aux dépens de ma tranquillité, de ma santé, honni, bafoué par tout le monde comme je l'ai été jusqu'à présent. Que suis-je? où vais-je? que fais-je à présent? J'ai sans doute un esprit étonnant, mais je n'ai pas un sou dans ma poche.

Ma nouvelle carrière ne m'a rapporté ni honneur, ni profit. Oh ! si je pouvais retrouver cette excellente fée Babonnette ! je la prierais bien de me retirer ces brillantes lumières, qui m'éblouissent au lieu de m'aider à me conduire. Je redeviendrais le pauvre paysan Biscotin, et peut-être je serais plus heureux. O fée bienfaisante, que n'êtes-vous ici !

Me voilà, Biscotin, dit la fée, qui parut soudain à ses côtés. Je l'avais bien prédit que tu te repentirais du cadeau que tu avais exigé de moi. Il ne tient qu'à toi de le changer ; mais je t'avertis que tu vas reprendre ton langage, tes habitudes grossières. — Que m'importe, madame ? j'aime mieux être simple, tel que je suis venu au monde. Oh ! oui, je préfère une vie tranquille, ignorée, à la funeste célébrité que je voulais acquérir. Veuillez me donner du jugement. — Et reprendre ton esprit ?

Elle le touche de sa baguette et ajoute : C'est fait.

Biscotin se retrouve habillé de sa blouse, tel qu'il était lorsqu'il rencontra la fée pour la première fois. Biscotin vient d'éprouver une contraction singulière dans sa langue et à son cerveau, il lui semble que tout s'est bouché chez lui ; mais il recouvre tout-à-coup sa santé, sa gaieté, tout ce qu'il possédait jadis. Oh tatigué ! madame, s'écrie-t-il, j'en r'venons d'eune belle ! si j'aillions à présent nous remontrer dans not village, à Mr le curé, à monseigneur ! qui qu'i diriont ? i'm' croiriont fou. — Garde-toi bien d'y retourner. Il t'est également défendu de divulguer ce nouveau changement. Pour ce coup-ci, une mort subite suivrait ton indiscrétion, attendu que je ne puis être utile à la même personne que deux fois en sa vie ; mais, pour dernière récompense du service que tu m'as rendu (car tu ne me verras plus), je te donne, dans ce coffret, vingt mille francs en or. Va acheter la petite ferme que tu vois, la première à gauche à l'entrée de ce village là-bas. Elle est à vendre justement ce prix-là. Tu t'y établiras, et, avec le jugement, qui va guider toutes tes actions, tu n'auras besoin de personne, encore moins du secours d'êtres surnaturels tels que moi ; adieu, pour jamais.

La fée disparaît.

Morguienne ! se dit Biscotin en marchant, vingt mille francs en or ! c'est'i une fortune ça ?... Mais i' faut ben la diriger. Allons d'abord examiner la ferme dans ses moindres parties. Calculons bian mes intérêts. Faisons en dresser l'contract avec toutes ses clauses, ses conditions, avec enfin la plus grande réflexion, et, jarni travaillons après. Je n'savons pus ni lire, ni écrire ; v'la l'malheur ! mais, morgué ! j'apprendrons.

Voilà des idées saines, justes, qui prouvent bien que la fée ne lui a pas fait un don imaginaire.

Comme il avançait, il vit venir à lui un jeune homme de vingt-cinq ans, et une fille qui paraissait bien en avoir vingt. Tous deux semblaient se disputer et se dire même des injures. Oui, disait le jeune homme, cette affaire-là est si simple que le premier venu la déciderait. — Eh bien ! s'écriait la jeune fille, je suis si bien de ton avis, mon cousin, que je m'en rapporterai là-dessus au premier passant. — Je le veux bien, ma cousine. — Plus il sera ignorant et plus sa décision me paraîtra simple, naturelle. — Je suis de cet avis-là aussi. — Tiens, mon cousin, voilà une espèce de charretier. Prenons-le pour juge ? — Volontiers, ma cousine. — Tu en passeras par ce qu'il voudra ? — A condition que tu te rendras à la même raison. — J'en fais le serment. — Je le fais de même de tout mon cœur.

Ces deux jeunes paysans abordent Biscotin. Brave homme, dit le garçon, ma cousine et moi, nous nous en rapporterons à votre prudence sur un fait que voici :

Mathurin, notre grand oncle, vient de mourir à près de cent ans. Il avait deux frères, dont l'un fut mon aïeul et l'autre celui de cette jeune fille, en sorte qu'elle et moi, nous ne sommes cousins, comme on dit, qu'à la mode de Bretagne. Nos grands pères, nos pères, tout cela est mort. Nous avons été élevés séparément, et nous étions occupés aux travaux champêtres, moi à douze lieues, Laure à dix lieues d'ici, lors de la dernière maladie de notre grand-oncle Mathurin. Revenons à lui.

Le bon homme, se voyant seul, fit, avant de mourir, un testament, dont voici la clause principale et qui nous divise : *Je donne ma maison aux hospices, à moins que lors de mon décès, il ne se présente un ou plusieurs de mes collatéraux. Comme leur empressement, en ce cas, prouverait l'intérêt, l'affection, qu'ils éprouveraient pour moi, je donne ma maison à celui seulement d'entre eux qui aura, le premier, mis le pied dans madite maison, avant ou après mon dernier soupir; mais sur-tout avant mon enterrement.*

*Voulant que ledit légataire universel, etc. etc.* Voilà qui paraît bien clair, et c'est pourtant la source de nos débats.

« Ignorant ce testament, mais apprenant la maladie de ce bon vieillard, je me mets en route, pour remplir le devoir de lui fermer les yeux. J'arrive avant-hier matin ; il terminait une agonie douloureuse. Je m'approche de son lit, le premier ; tout le monde m'y a vu : un moment après, je vois entrer Laure que voilà, qui, guidée par le même sentiment que moi, passe de l'autre côté du lit, se jette sur le moribond en versant des larmes. Il meurt à nos yeux. Chacun de nous lui ferme une paupière, et nous sortons en pleurant. Le notaire vient, ouvre le testament, le lit, et nous y trouvons la clause que je viens de vous rapporter. Il est bien prouvé, par la garde, par M<sup>r</sup> le curé, qui était là, que je suis arrivé le premier. Donc la maison m'appartient ».

Laure réplique : Tu en imposes, Prosper ; c'est moi qui suis venue la première dans la maison. J'y suis entrée avant toi. J'étais occupée en bas à demander à la cuisinière des nouvelles de mon oncle. Je t'ai vu passer, monter l'escalier ; mais ne devinant pas l'importance de la primauté dans une pareille visite, je ne suis montée qu'après toi, voilà tout aussi.

PROSPER.

Tu conviens bien que tu n'étais pas la première près du lit ?

LAURE.

Cela ne signifie rien. Le testament dit *dans la maison* ; il

###### BISCOTIN.

n'exige pas que ce soit au pied, ni au chevet du lit.

###### PROSPER.

Quand un malade dit *dans la maison*, il n'entend pas la cour, ni le jardin, mais dans sa chambre. J'ai des témoins.

###### LAURE.

J'en ai aussi.

###### PROSPER.

L'héritage est à moi.

###### LAURE.

Il est à moi.

###### PROSPER.

Tu vas recommencer ?

### LAURE.

Qu'en dit monsieur ?

### PROSPER.

Oui, qu'est-ce que monsieur en pense?

Biscotin, sans prendre un air doctoral qui ne s'accorde plus avec le nouveau don que la fée lui a fait,. sourit en regardant avec intérêt ces deux plaideurs d'une espèce nouvelle, et leur répond : Avant tout, dites-moi si vous avez consulté quelqu'un.

### PROSPER.

Certainement ; le curé, le magister, les notables du pays, le notaire lui-même.

### BISCOTIN.

Que vous ont-ils répondu ?

### LAURE.

Ils sont restés tous fort embarrassés ; car moi, j'ai produit mes témoins, mon cousin les siens. Il est bien avéré que si Prosper s'est trouvé le premier près du vieillard, j'étais la première dans la maison, *dans la maison*, je répète cette expression du testament, qui décide en ma faveur.

### BISCOTIN.

Ah, ah ! tous ces gens-là sont

restés embarrassés ? eh ben ! moi, je ne le suis pas du tout. Un mot tant seul'ment va vous accorder. Répondez-moi ben *ad rem*. Laure, êtes-vous fille ?

LAURE.

Oui ; qu'est-ce que cela dit ?

BISCOTIN.

Et vous, Prosper, êtes-vous garçon ?

PROSPER.

J'ai tant travaillé jusqu'à présent que je n'ai pas pensé à me choisir une compagne.

###### BISCOTIN.

Eh ben ! v'la l'moment. Laure, Prosper, mariez-vous ? par ce moyen, l'héritage vous appartiendra à tous deux.

###### PROSPER.

Comme c'est bien jugé ! qu'en dis-tu, ma cousine ?

###### LAURE.

Moi, Prosper...je dis...je dis... comme toi, que c'est très-bien jugé.

Le jeune couple s'en retourna en sautant de joie, et Biscotin, satisfait d'avoir terminé un différend que l'hymen seul pouvait décider, s'en alla acheter la ferme.

Nous ne le suivrons plus ; son destin est fixé. Nous dirons, pour finir, qu'il acheta ce bien, se maria, eut des enfans, et qu'il se conduisit avec tant de prudence, tant de sagesse, qu'en amassant une petite fortune honnête, par un travail aussi assidu que bien dirigé, il devint le patriarche du canton, le conseil de tous ses voisins, l'appui des malheureux et le père des orphelins.

Cela prouve bien, mes enfans, que l'esprit, sans goût ni jugement, ne mène qu'à blesser autrui, qu'à faire des sottises; tandis qu'une bonne judiciaire, même sans esprit, est préférable et guide les hommes à faire, chacun, leur état avec zèle, probité, l'estime de soi-même et celle du public.

# LA MAISON VOLANTE.

Bien différente de la fée Babonetté, dont nous venons de voir la sage conduite, une autre fée, nommé avec raison la fée Bonace, accordait tous les dons qu'on pouvait désirer, sans examiner s'ils devaient être nuisibles, ou non, à la personne imprévoyante qui les demandait. Vous auriez voulu une corde pour vous pendre qu'elle vous en aurait fait trouver une sous votre main. C'est être aussi par trop obligeant !

Un jour donc, la fée Bonace,

La Maison volante.

passant devant une toute petite, mais fort jolie maison de campagne, entendit qu'on parlait en dedans, et, comme elle était très-curieuse de son naturel, elle s'arrêta à la porte pour écouter ce qu'on disait. C'était le maître de la maison, M<sup>r</sup> Dufour, qui exhalait ainsi ses plaintes et sa mélancolie :

« Tout le monde prétend que je suis le plus heureux des hommes ! le suis-je, là ? voyons, réfléchissons. Je fais une petite fortune dans le commerce, dans les affaires ; je perds ma femme, une fille unique. Je me retire, je fais bâtir cette petite maison pour y passer tranquillement le reste de mes jours, et l'ennui m'y a suivi plus que le repos. Elle est gentille, si l'on veut, ma petite maison ; elle est commode, bien bâtie, bien meublée; mais elle est triste, entourée de murs, elle me laisse à peine voir un bout de la campagne. Et puis quand il pleut, on est prisonnier dans l'intérieur de la maison ; il est impossible de mettre le pied dehors d'aucun côté. J'ai mal fait de la faire bâtir ici, dans ce pays maussade. J'aurais dû choisir un autre village, un autre site. Pour mieux dire, je préférerais n'être pas dans un village. Ne voir continuellement que des paysans, et toujours des paysans! des chevaux étiques, des ânes rétifs, des charrettes de foin, de paille, de fumier! cela n'est pas du tout amusant. Oui, je commence à me dégoûter bien fort de ma maison, et, je le répète, si c'était à recommencer, je la placerais dans tout autre endroit. Oh! si elle pouvait avoir des ailes comme un oiseau et obéir à mes ordres, je la transporterais sur le sommet d'une montagne, isolée, d'un quart de lieue au moins, de toute habitation. Je voudrais en vérité qu'il se trouvât une bonne fée qui me rendît ce service-là !.

Me voilà justement tout à point, s'écria la fée Bonace en entrant dans la maison; me voilà, Mr Dufour. J'ai entendu vos vœux et je viens les exaucer. Tenez, prenez ce cornet de poudre d'or à mettre sur le papier. Il vous suffira, le soir avant de vous coucher, d'écrire, sur un morceau de papier, l'endroit où vous voudrez être transporté. Vous jeterez de cette poudre sur cet écrit, et, pendant la nuit, votre maison prendra des ailes pour s'envoler au lieu que vous aurez choisi. Si vous avez besoin de moi, vous jeterez toute votre poudre dans le feu, et je reparaîtrai.

La fée sortit.

M<sup>r</sup> Dufour, bien étonné de cette aventure, se dit : Elle se moque de moi. Comment me persuadera-t-elle qu'une maison prenne des ailes et s'envole ? ne tient-elle pas à la terre par ses fondations? Cependant le pouvoir des fées n'a point de bornes, à ce qu'on dit. Pour moi, voilà la première que je rencontre, et si je m'avise de douter de sa puissance, elle pourra bien m'en punir. Essayons son talisman, quoique je n'y croie pas, et voyons.

Le soir, M. Dufour écrivit: Je désire habiter le sommet d'une montagne d'où je puisse jouir de la plus belle vue.

Il mit sur son papier un peu de la poudre d'or enchantée, et il se coucha, persuadé qu'il se retrouverait, le lendemain, dans le même endroit.

Quelle fut sa surprise, à son réveil, de voir que, bien qu'il eût fermé ses rideaux, sa chambre brillait d'un éclat tout nouveau de lumière !

Il ouvre ses fenêtres et voit qu'il est en effet sur le sommet à pic d'une haute montagne. Sa maison, qu'il parcourt, ses dépendances, son jardin lui-même et jusqu'à ses caves, tout s'y trouve transporté ! il retrouve ses tonneaux, son vin, ses provisions rangées dans le même ordre où il les a placés, et il n'y a pas une bouteille, je ne dis pas cassée, mais seulement dérangée.

C'est bien commode, se dit-il en riant; et voilà une singulière voiture qui vous transporte, tout logé, où vous voulez. Voyons, examinons la vue superbe dont je jouis maintenant. Ah, quel horizon ! que de plaines, que de bois, que de coteaux ! à droite, à gauche, en face, derrière moi, tout est à perte de vue, tout est varié ! c'est admirable ! ah, voilà ce que je désirais depuis long-temps ! je vais vivre heureux ici comme un sage, comme un véritable philosophe, et c'est pour le coup que je n'ai plus de vœux à former. Sachons maintenant comment on peut s'approvisionner pour la nourriture, sur ce roc qui me paraît bien escarpé.

M. Dufour n'avait point de domestique ; habitué à une vie frugale, il allait chercher ce qui lui convenait et l'accommodait lui-même à sa guise. En regardant d'en haut, il remarqua au pied de la montagne un joli village, et, persuadé qu'il y trouverait boulanger, boucher, tout ce qu'il faut, il y descendit ; mais le chemin était si mauvais, si rocailleux, si roide sur-tout, qu'il manqua vingt fois de se rompre le cou. Il revint peu content, fit son petit dîner, et oublia bientôt le mauvais chemin en jouissant de la plus belle vue possible.

Cela alla assez bien pendant à-peu-près six mois ; mais, au bout de ce terme, il se repentit de son changement. D'abord, les chemins qui montaient à son rocher devinrent impraticables. En second lieu, ses arbres, ses légumes, ne trouvant plus qu'une terre aride, sablonneuse, bien loin de lui rapporter, comme auparavant, des fruits délicieux, des graines nourricières, un petit vin blanc, pétillant comme le vin de Champagne, crevèrent tous, et son beau jardin de douze arpens devint une véritable plaine, aussi sèche, aussi stérile que celles qui couvraient le plateau de sa montagne.

Oh, que j'ai mal fait! s'écria-t-il. J'ai tout perdu, sans en trouver d'autre dédommagement que cette prétendue superbe vue qui, dans le fond, est toujours la même chose. Qu'est-ce qu'on voit là-bas, toute l'année? des plaines, des collines, des forêts, et continuellement des forêts, des collines et des plaines! Quand on a contemplé cela plusieurs fois, on en a pour sa vie à les connaître, et rien n'est plus monotone que de voir sans cesse les mêmes objets. C'est de plus une nature morte ; car tout cela est si éloigné que la meilleure lunette d'approche ne vous y ferait pas distinguer un être vivant. Eh puis, pour avoir cette froide jouissance, il faut vous nicher sur des montagnes escarpées, où vous êtes rôti l'été, gelé l'hiver. Le vent du midi brûle tout, le vent du nord brise tout. Ces deux mauvais aquilons dévorent mes plantes, déjà desséchées par un terrain sec et dénué de sève. Que vais-je devenir pendant cet hiver qui commence déjà à se faire sentir ? Je ne pourrai aller chercher la nourriture la plus indispensable ; il me sera impossible de me chauffer, faute de bois, qu'on ne peut faire monter jusqu'ici qu'à force de chevaux et de frais. D'ailleurs j'y suis aussi dans une trop grande solitude. Quelque ami qu'on soit de la tranquillité, on aime à rencontrer des figures nouvelles. J'y ai plus d'une fois regretté de ne plus voir mes bons paysans, leurs ânes, leurs chevaux, leurs mulets ; leurs charrettes de foin, de paille, de fumier. Oh! que je suis heureux de n'avoir pas bâti ma demeure dans ce désert ! heureusement, je puis l'en retirer. Allons, allons, à ce soir, à ce soir!

Quand la nuit fut venue, il écrivit : *Je préfère une riante prai-*

rie, coupée d'une jolie rivière et boisée en bocages frais, à la porte d'un hameau.

Il y jette de la poudre d'or, et se promet, cette fois, de ne pas se coucher pour être témoin du voyage de sa maison et jouir des effets de son vol hardi. En conséquence, il se mit à la fenêtre; mais bientôt le sommeil s'empara tellement de ses sens, qu'il n'eut que le temps de se jeter dans un fauteuil, où il s'endormit profondément.

Il fut réveillé par le chant doux et varié d'une multitude d'oiseaux; il ouvrit ses yeux et crut qu'il ne faisait pas encore jour, tant le ciel lui parut sombre; mais il remarqua bientôt que ses croisées étaient obstruées par des arbres serrés et touffus. Il regarda dehors, et s'aperçut que sa maison était maintenant placée dans une plaine qu'ornaient çà et là des arbres fruitiers. Le murmure des eaux l'avertit qu'il était près d'une rivière. Une petite rivière, en effet, serpentait dans la plaine, venait traverser son jardin; et, ce qu'il y avait de plus singulier, c'est que ce jardin avait recouvré ses arbres, ses plantes, ses berceaux, ses vignes, tout ce qu'il possédait auparavant.

O fée Bonace! s'écria-t-il, je te remercie, tu as comblé mes vœux!

Il sortit visiter la plaine, qui était des plus agréables, et à la porte d'un gros bourg rempli de châteaux et de maisons de campagne qui se le disputaient, les unes les autres, en beauté, en variété. A la bonne heure, se dit M. Dufour, je vivrai parmi des vivans. Oh! je suis au comble de la joie.

Il ne tarda pas à revenir de cette

ivresse. D'abord, on était dans le temps des chasses; les daims, les cerfs sautaient dans son jardin; les grands seigneurs, qui occupaient les châteaux voisins, entraient, sans demander permission, chez lui, avec leurs chevaux, leurs chiens, leurs valets, et, pour attrapper leurs bêtes ils y faisaient un dégât épouvantable. En vain se plaignait-il de ces accès, on lui riait au nez. Il avertit un jour ces pillards qu'il tuerait toutes les bêtes fauves qu'il trouverait chez lui; on le menaça des galères, et il n'osa plus rien dire.

Après ces chagrins, il en eut

d'autres. Sa rivière déborda, mit dans l'eau son jardin, ses caves et jusqu'au rez-de-chaussée de sa maison ; il fallut qu'il se retirât dans les combles, la plaine n'offrant plus qu'un vaste lac. Il passa encore là-dessus, espérant que l'été lui ramènerait des jouissances. Il fut humide, froid, venteux, et empêcha la terre de produire; si bien que, par la raison inverse de sa montagne, M. Dufour ne récolta rien, ou que peu de chose. Avec cela, tous les habitans du bourg le regardèrent comme un ours, qu'ils se montrèrent au doigt. Il devint la risée même des domestiques, qui se moquèrent de lui parce qu'il mettait son pot au feu lui-même, et n'avait pas de cuisinière. Les chasses recommencèrent, et ce fut bien pis ; car; étant très-près d'un château royal, où le souverain alla passer un mois, tous les grands de la cour vinrent visiter les seigneurs du bourg, et ceux-ci, se mettant en troupe, ne laissèrent rien sur pied dans la maison de M. Dufour, pas plus que dans la plaine, qui se trouva dévastée.

Allons, se dit notre homme, ce n'est pas encore là l'asile du sage. A ce soir !

Il écrivit : *Toute réflexion faite, la montagne est aride, la plaine est humide ; sur l'une on ne voit personne, dans l'autre on est gêné, tourmenté par trop de monde; je renonce à la campagne, je retourne à la ville. Placez-moi, bonne fée, au bout d'une file de maisons ; que j'aie des voisins, des amis, des connaissances au moins ; c'est le dernier vœu que je forme.*

Après avoir usé de son précieux talisman, il se mit dans

son lit, s'inquiétant peu maintenant du vol de sa maison, présumant que la fée l'endormait à dessein pour qu'il n'en fût pas témoin. Il s'endormit en effet sur-le-champ et profondément. A peine avait-il fait son premier somme, que vingt horloges sonnèrent, l'une après l'autre, l'heure à ses oreilles. A ce tapage succéda le bruit des passans, des chiens, des chevaux, des voitures; enfin, les cris des ramoneurs, des marchands ambulans; tout l'avertit qu'il était dans une ville. Il se leva, remarqua des réverbères qui commençaient à s'éteindre, et se dit : Ah ! tant mieux, me voilà enfin en ville ; là on peut rester autant inconnu qu'on veut l'être. Point d'inondation, ou du moins rarement. Point de cerfs, de daims, de grands et chasseurs qui vous bouleversent votre maison ! Je verrai mes anciens confrères ; j'irai dîner, souper en ville, au café, au spectacle. Ah ! il faut en revenir à cette vie-là ; c'est la seule qui soit variée, agréable. Mais ai-je toujours mon jardin ? ( il regarde ). Oui, il est entouré de grands bâtimens ! Qu'est-ce que cela veut dire ?

Il sort, s'aperçoit qu'il est justement dans un faubourg de la ville, qu'il connaît; il s'en réjouit prce qu'il n'en sera que plus près de ses amis.

Cependant, il est entouré de manufactures, d'ateliers, d'usines ; sa maison même est mitoyenne, à droite, à une fonderie de suif, à gauche, à une manufacture de colle-forte; son jardin est appuyé au nord à une distillerie d'esprit-de-vin, au levant, à un vaste atelier de charonnage, et au couchant, à une manufacture d'eau de javelle, établie sur une petite rivière bordée, à droite et à gauche, de blanchisseuses.

M. Dufour est empoisonné là par mille odeurs infectes, étourdi par des maillets, des marteaux, des battoirs. Il veut se dissiper en allant voir ses anciennes connaisances. Il en reçoit des dîners, il en rend; il va au café, il perd aux dames, au domino; il se ruine peu-à-peu; il commence enfin à faire ces réflexions : La ville n'est bonne que pour ceux qui s'y occupent d'affaires quel-

conques, ou qui ont une [
fortune pour se retirer. Je
mence à regretter le premi
lage où j'ai fait bâtir ma ma
j'y étais plus tranquille que
tout ailleurs ; ici je suis tro
sipé, enivré d'odeurs insu[
tables ; et pour comble de
heurs, la fumée de toute
usines noircit mes arbres
empêche de rapporter ; je n
colte pas plus ici que dar
plaine et sur la montagne : j
à mi-côte et j'avais de tout ! (
au moral, le sort de l'homm
sonnable qui sait se tenir en

trop haut, le trop bas, enfin, entre les deux excès en tous genres.

En réfléchissant ainsi, il se mit au lit; mais des cris affreux *au feu ! au feu !* l'en tirèrent bien vite. La fonderie de suif avait mis le feu à tous les établissemens voisins ; sa maison, entre deux incendies, devenait déjà la proie des flammes ; il veut courir à son secrétaire, écrire un mot pour la faire envoler.... impossible! un tourbillon de fumée l'en empêche. Le secrétaire brûle, et par conséquent le précieux talisman qu'il y a renfermé. Ce-

conques, ou qui ont une grande fortune pour se retirer. Je commence à regretter le premier village où j'ai fait bâtir ma maison ; j'y étais plus tranquille que partout ailleurs ; ici je suis trop dissipé, enivré d'odeurs insupportables ; et pour comble de malheurs, la fumée de toutes ces usines noircit mes arbres, les empêche de rapporter ; je ne récolte pas plus ici que dans la plaine et sur la montagne : j'étais à mi-côte et j'avais de tout ! C'est, au moral, le sort de l'homme raisonnable qui sait se tenir entre le

it, le trop bas, enfin, entre
excès en tous genres.
réfléchissant ainsi, il se
lit; mais des cris affreux
! *au feu!* l'en tirèrent bien
a fonderie de suif avait
feu à tous les établisse-
voisins; sa maison, entre
icendies, devenait déjà la
les flammes; il veut courir
secrétaire, écrire un mot
a faire envoler.... impos-
in tourbillon de fumée l'en
he. Le secrétaire brûle,
conséquent le précieux
in qu'il y a renfermé. Ce-

pendant, on enfonce les portes ; vingt jets-d'eau des pompes à incendie, dirigés sur la chambre, vont le noyer au milieu du feu ; le pauvre M. Dufour s'écrie : *O fée Bonace, à mon secours !*

Elle paraît. Elle lui dit : Où veux-tu aller ? — Eh mon Dieu ! dans mon village, dans mon village ! à la place où j'étais avant tous ces changemens.

La fée le touche de sa baguette ; il s'endort et se réveille au lieu où il avait fait bâtir sa maison. Elle n'est nullement endommagée. Le secrétaire même s'y retrouve à sa place; les traces du feu sont effacées par-tout.

M. Dufour, au comble de la joie, se jette à genoux et s'écrie : O bonté suprême ! tu m'as trop bien favorisé ! Insensé que j'étais de vouloir changer une existence que ma modique fortune et la simplicité de mes goûts rendaient si douce ici ! Je ressemblais à ces gens qui, ne se trouvant bien nulle part, vendent leur propriété pour en acheter une autre ; revendent celle-ci, en rachetent une nouvelle; courent ainsi plusieurs contrées, et d'acquisitions en acquisitions, finissent par tout perdre, soit par des dettes, des charges trop onéreuses, soit par des accidens, comme cet incendie qui a pensé me priver de mon unique avoir. Quand nous sommes bien, tenons-nous-y ; contentons-nous même d'être passablement. L'amour du changement ne mène à rien de bon ; le sage reste dans la position où le ciel l'a placé, et il est heureux.

Le petit chien coiffé.

# LE PETIT CHIEN COIFFÉ.

Il y avait, une fois, un roi et une reine qui, bons, humains, sensibles et généreux, se plaisaient à aller, sous un déguisement, visiter les pauvres dans leur chaumière. Dans une de ces estimables tournées, ils virent une maison modeste d'apparence, mais qui leur parut propre et bien soignée. Pressés par un orage qui s'annonçait, ils y entrèrent, demandèrent l'hospitalité, et furent reçus à merveille par une femme de soixante ans environ, qui fit, avec une politesse et un zèle peu communs, les honneurs de sa maison. Elle ne savait pas qui étaient les gens auxquels elle parlait, et ne les en reçut pas moins avec autant d'égards que si elle eût connu leur haut rang. Le roi et la reine en furent enchantés.

Une petite fille était là, qui jouait avec les plis du vêtement de la belle dame. Est-ce à vous, dit la reine, cette jolie petite enfant que voilà ? — Madame, répondit la maîtresse de la maison, c'est une orpheline ; sa mère était ma fille : je l'ai perdue, hélas ! ainsi que mon gendre. Tous deux sont morts à la fleur de l'âge, à la suite du chagrin d'avoir tout perdu. Mon gendre était un riche banquier ; des banqueroutes qu'on lui a fait éprouver, des opérations ensuite imprudemment dirigées, l'ont ruiné complètement, il en est mort; sa femme l'a suivi de près, et je me suis chargée, quoique bien peu fortunée moi-même, de leur pauvre fille, qui n'avait plus que moi sur la terre. — C'est bien estimable. Comme elle est jolie, cette petite! Vous la nommez? — Arsènia. — Et vous, bonne femme? — Berthe est mon nom. Je suis veuve d'un peintre; il ne m'a laissé qu'une petite rente que je partage avec ma chère Arsènia. — Quelle charmante enfant! Quels yeux! Quelle bouche! Quelle fraîcheur! — Ne la vantez pas trop, madame. Elle n'a que huit ans; mais elle sait bien qu'elle est gentille. — Gentille n'est pas le mot; elle est belle comme le jour. Elle fera une superbe femme.

— Je crains seulement qu'elle

ait trop d'orgueil, trop de prétentions; car elle se quarre déjà, elle se mire, elle se pare, elle se pavane comme une petite coquette; cela ne me conviendrait pas, moi qui suis simple, et, j'ose le dire, modeste dans mes goûts.

La reine réfléchit et dit au roi : Mon ami, il me semble que voilà l'occasion de placer la cassette en question. — Vous avez raison, répondit le roi. Vous saurez, bonne Berthe, qu'une fée de notre connaissance nous a remis un trésor à condition que nous le donnerions en dot à la première orpheline qui nous paraîtrait le mériter. — Un trésor! pour une orpheline ; voilà qui est singulier. Une fée a promis aussi à cette enfant, lors de sa naissance, qu'elle posséderait un jour un trésor. — C'est peut-être la même fée, et il n'y a pas de doute qu'il ne soit destiné à votre Arsènia. Vous le recevrez tantôt, madame, et vous le lui conserverez intact, en tutrice fidèle, jusqu'à ce qu'elle ait l'âge de raison, jusqu'à ce qu'elle ait fait choix d'un époux digne d'elle.

N'oubliez pas de lui dire alors que si elle en faisait un mauvais usage, ce trésor s'évaporerait et deviendrait à rien. C'est une clause que la fée a mise à son cadeau. — Je ne l'oublierai pas. — Adieu, bonne Berthe ; élevez bien, comme vous paraissez capable de le faire, cette charmante enfant, que nous regardons comme un trésor plus précieux que l'autre.

Le roi se retira avec la reine, après avoir embrassé tous deux la toute jolie Arsènia ; et le soir, un domestique vint apporter à Berthe le trésor qu'on lui avait promis.

C'était un coffret d'un bois rare et moucheté. Berthe l'ouvrit et resta aussi étonnée que joyeuse de le voir rempli de diamans, de grosses perles et de quantité de pièces d'or. Attends maintenant, dit-elle à ce coffre, comme s'il pouvait l'entendre, attends que ma petite fille soit en état de t'apprécier. Je vais te renfermer soigneusement, et je ne t'en ôterais pas la plus faible partie, quand je devrais tirer la langue d'un pied de long.

Elle serra le coffre, et ne s'occupa plus que d'élever Arsènia.

La petite grandit en beauté,

en grâces, en talens. Outre qu'elle faisait en perfection tous les ouvrages du sexe, elle dansait, elle chantait et pinçait très-bien de la harpe; sa bonne grand-mère en raffolait.

Berthe avait soixante-dix ans, et Arsènia en comptait dix-huit. Berthe pensa qu'il était temps de lui découvrir le secret du trésor, qu'elle lui montra. Arsènia, qui était devenue haute, fière, dédaigneuse, le fut bien davantage quand elle sut qu'elle avait une dot si brillante. Il lui sembla qu'aucun homme, quel qu'il fût, ne pouvait, ni la mériter, ni même l'approcher. Sa grand'mère lui proposa sept à huit partis, qu'elle refusa. Il y en avait pourtant de très-brillans, que ses charmes seuls attiraient. Sa beauté, ses talens étaient si séduisans, que l'on comptait parmi les prétendans, des fils de directeurs des fermes, des conseillers au parlement, ou des meilleurs négocians de la ville. Rien de cela ne lui convenait; la fière et haute Arsènia ne voulait, tout au moins, qu'un prince pour mari.

Elle fut deux ans encore à persister dans les refus les plus obstinés. La bonne Berthe était désespérée. Pense donc, lui dit-elle un jour, qu'il serait doux pour moi, qui t'ai élevée, de te marier avant de mourir. Tu ne songes pas que je suis bien vieille, que je puis passer d'un moment à l'autre, et que tu resterais seule, sans appui, sans conseils sur la terre! Veux-tu rester fille? — Je ne suis pas faite pour cela. Tant de laidrons se marient, qu'une belle personne comme moi ne peut pas manquer de trouver un époux.

— Mais tu les refuses tous. — Que voulez-vous, je trouve tous les jeunes gens qui se présentent, ou trop ignorans, ou trop suffisans; j'attendrai qu'il s'en présente un à mon goût. — Tu attendras! mais long-temps, à ce qu'il me paraît; alors tu deviendras une vieille fille, et les garçons s'éloigneront de toi.

Tous les jours c'était des querelles de ce genre, et sur ce point, entre l'aïeule et la petite fille; enfin, la bonne Berthe tomba malade, et, sentant sa fin approcher, elle répéta à Arsènia les mêmes reproches et les mêmes conseils. Arsènia, tout en témoignant à sa mère-grand le plus tendre intérêt, lui tint toujours tête, et prétendit encore qu'elle avait le temps de choisir. — Tu choisiras si bien, lui répondit Berthe en colère, que tu finiras par épouser le premier chien coîffé ! C'est une expression gothique, mais qui trouve son application ici. Je te prédis cela, vois-tu, avant de mourir. Tu seras trop heureuse, un jour, de prendre un magot ! Songe toujours au trésor. Je t'ai dit ce qui t'arriverait si tu ne l'employais pas en personne sage et raisonnable.

La grand-mère mourut. Arsènia lui donna d'abord des regrets ; mais sa coquetterie reprenant bientôt le dessus, elle toucha au trésor, prit un train de maison, laquais, chevaux, voitures, et elle se lança dans les plus hautes sociétés. Vingt jeunes gens demandèrent encore sa main ; elle la refusa, préférant sa liberté et le genre de vie qu'elle menait.

Elle se conduisit avec cette légèreté jusqu'à l'âge de vingt-cinq ans. Sentant alors qu'elle commençait à devenir une fille faite, et que cela lui donnait un ridicule dans le monde, elle se repentit ; mais il n'était plus temps. Il ne se présentait plus aucun parti ; elle avait découragé tant de jeunes gens, que ceux-ci avaient fait part à d'autres de sa sévérité ; personne ne voulait maintenant de la trop fière Arsènia.

Elle réfléchit, un jour, seule dans son appartement, et se dit : Quelle est ma position ? Je n'irai pas recourir aux gens auxquels j'ai témoigné trop d'indifférence, ou même du mépris. Je ne leur dirai pas : *Revenez à présent, je veux bien de vous.* Je pourrais m'exposer, à mon tour, à des refus qui m'humilieraient trop. Je vais donc rester fille! mourir fille, c'est un triste sort. Eh! mais, il me reste au moins les trois quarts de mon cher trésor; personne n'a su jusqu'aujourd'hui que j'en possède un. Parlons-en; vantons-nous d'avoir une immense fortune. L'amour de l'or ramènera sans doute à mes pieds ceux que ma sotte fierté en avait éloignés. Il s'en présentera d'autres au moins, et, cette fois, je me dépêcherai de choisir. Voyons ce qui me reste de mon trésor, auquel je n'ai pris que quelques poignées d'or et des diamans. Le coffre en est toujours bien lourd. Ouvrons-le, et faisons ce que je n'ai pas encore fait, comptons ce qu'il renferme.

Ce coffre précieux était dans son secrétaire. Elle s'en approche…,. O surprise! il en sort tout-à-coup une épaisse fumée. Rien ne paraît brûler, et cependant tout noircit, tout fume, tout se consume autour d'elle. Secrétaire, commode, meubles, glaces, tout tombe en cendres, et elle est forcée de sortir de son appartement pour n'être pas étouffée par la fumée qui le remplit.

Arsènia court à son écurie, à sa remise; ses deux chevaux isabelle, qui étaient attelés à la voiture, l'ont emportée je ne sais où; le cocher est parti; elle est seule, absolument seule, au milieu d'un monceau de cendres; privée de tout, et par conséquent du trésor, qui s'est consumé comme le reste, qui, dangereux talisman peut-être, a produit ce triste évènement dont on l'avait menacée, sans lui en dire la nature, en cas qu'elle en fit un mauvais usage.

Arsènia, réduite aux seules hardes qu'elle a sur elle et à sa bourse, qui est assez bien garnie, sort comme une folle dans la rue, court gagner la campagne, s'y promène, et réfléchit en versant un torrent de larmes. Suis-je assez malheureuse, se dit-elle, de n'avoir pas suivi les sages conseils qu'on m'avait donnés ? Ce trésor était destiné à me servir de dot, et je commençais à le dissiper en futilités de tout genre ! Que faire à présent ? Que vais-je devenir ? Qui voudra de moi ? Personne..... Oh, ma bonne mère-grand ! vous aviez bien raison de dire que j'épouserais le premier chien coiffé ! Encore savoir, à présent, s'il voudra de moi !

Comme elle finit ces mots, elle entend, près d'elle, un chien qui aboie : *Oua, oua, oua.*

Elle se retourne et voit un petit chien noir marqué de feu,

à long museau, noir dessus, brun des deux côtés, pattes d'un roux fauve, col blanc dessous et large, peau d'estomac blanche aussi; mais, ce qui ferait rire Arsènia si elle n'était pas si profondément affligée, c'est que ce petit chien est vraiment coiffé, et très-élégamment. Il a, sur le sommet de la tête, un petit feutre blanc, orné de plumes, très-solidement arrêté, avec un ruban qui est noué sous le col. Ce chapeau, mis de côté, laisse voir dessous une petite bonnette de dentelle; et comme le chien a les oreilles coupées et le front haut, tout cela lui emboîte bien la tête, d'où sort sa longue gueule pointue, très-fendue, et armée de dents blanches comme de l'ivoire.

Ce singulier animal se pose sur son train de derrière et semble regarder fixement Arsènia, en agitant vivement sa queue. Arsènia, plus qu'étonnée, lui dit, comme s'il pouvait lui répondre : Qui es-tu ? Que me veux-tu ? Qui t'a affublé ainsi ?

LE CHIEN.

*Oua, oua, ouaq.*

### ARSÈNIA.

Comment ! A l'instant où je parle de chien coiffé, tu te présentes à ma vue ! Cela n'est pas naturel.

### LE CHIEN.

*Oua, oua, oua; oua, oua, ouaq.*

 ### ARSÈNIA.

Tu me regardes, bon chien ; tu sembles t'intéresser à ma douleur. Ah ! il ne te manque que la parole.

### LE CHIEN.

J'en ai le don.

Arsènia, l'entendant parler,

jette un cri et veut se sauver. Le chien court après elle et lui dit : Demeurez, belle Arsènia ; une fée généreuse m'envoie à votre secours. Restez, de grâce ; je ne demande qu'à vous prouver mon zèle et mon attachement.

Arsènia s'arrête en disant : En croirai-je mes yeux et mes oreilles ! Un chien qui parle ! Un chien coîffé, tel qu'on m'en a menacée ! En vérité, le destin se joue de moi, et c'est un châtiment de plus qu'il m'envoie pour m'humilier. Va-t'en, enchanteur, démon, qui que tu sois ! — La fée, répond le chien, m'a ordonné de ne plus vous quitter; il me serait aussi impossible de le faire qu'à vous de me chasser. — Mais cela n'a pas de bon sens. Que peut devenir une pareille liaison? — Ce que devient, tous les jours, dans le monde, l'attachement d'un chien fidèle pour une bonne maîtresse qu'il chérit. — Mais je vais bientôt manquer de pain pour moi-même; comment veux-tu que je t'en donne ? — Si vous suivez mes conseils, je vous indiquerai les moyens d'en avoir, et quelque chose avec. Vous verrez que votre petit Pretty vous sera bien utile. — Tu t'appelles *Pretty*? — C'est mon nom. Voyons, comptez-moi vos chagrins. — Hélas, mon pauvre Pretty, j'ai vu tout ce que je possédais s'en aller en fumée! — C'est ce qui arrive à bien des gens. Après? — Après? Voilà tout. N'est-ce pas assez? Je suis ruinée; je ne possède plus qu'une douzaine de pièces d'or, et encore parce qu'elles étaient sur moi. — Il faut les ménager et les dépenser utilement. Suivez-moi; je vais commencer à vous indiquer ce que vous aurez à faire. Je vous avertis que je ne parlerai pas, tant que vous serez avec quelqu'un. J'aboierai; je ferai seulement deux fois *oua, ouaq*, pour vous avertir d'accepter ce qu'on vous proposera. Si je fais plusieurs fois comme cela, *oua, oua, oua; oua, oua, ouaq*, cela vous indiquera que vous devez refuser. Encore une fois, suivez-moi.

Il se mit à courir devant. Un cocher de cabriolet passa, et comme il n'avait personne dans sa voiture, Arsènia, fatiguée, lui demanda à monter. Je vous objecte, lui dit le cocher, que je ne vais pas à la ville d'où vous semblez venir, mais à cette autre qu'on voit là-bas, à trois lieues d'ici; si madame y a affaire, à la bonne heure.

Le petit chien fit *oua, ouaq;* Arsènia comprit qu'il voulait qu'elle allât à cette ville. Elle monta donc dans le cabriolet, prit Pretty sur ses genoux, et elle arriva à la ville, où elle descendit dans la place publique. Il faut maintenant, dit-elle à demi-voix, que je cherche une auberge.

Le petit chien fait *oua, oua, oua, oua; oua, ouaq.* — Non? il ne faut pas que j'aille à l'auberge? Je vois là un écriteau... c'est pour deux chambres, dans cette maison. — *Oua, ouaq.* — Meublées. — *Oua, ouaq.* — Il faut que je les loue? — *Oua, ouaq.* — Voyons.

La foule entourait Arsènia pour rire de son petit chien coiffé. Elle se hâta de louer les deux chambres et d'y monter. Quand elle y fut seule avec son chien, elle lui dit : Tu m'as conseillé ce que je viens de faire.

— Vous avez bien fait de suivre mon avis ! — Eh bien, après ? — Après ? Vous savez broder, danser, faire de la musique ; on donne des leçons, on travaille, on vend son ouvrage. — C'est bien dur pour une fille comme moi ! — Ah ! un reste d'orgueil. Il ne vous convient plus, Arsènia ; vivez honnêtement du produit de votre travail, et vous verrez que vous vous tirerez d'affaire.

Arsènia suivit ce nouveau conseil, d'abord avec dégoût, ensuite avec plaisir et zèle ; car elle y gagna beaucoup d'argent. Toute la ville était si curieuse de voir son petit chien coîffé, que pour en trouver le prétexte, les uns donnaient de l'ouvrage à sa maîtresse, les autres prenaient de ses leçons, en la priant de leur amener son charmant Pretty. Elle ne le sortait jamais dans les rues; mais elle l'emportait sous son bras, caché dans son mantelet, pour le faire voir aux personnes qui lui étaient utiles. C'est ainsi qu'au bout d'un an elle se vit en possession d'une fort jolie fortune; mais son caractère étant totalement changé, bien loin de la dissiper en dépenses folles, elle ne songea qu'à l'augmenter, ayant tout-à-fait perdu et son orgueil, et sa légèreté.

L'année d'après, elle fut mise à une épreuve assez délicate. Une de ses écolières avait un frère beau comme l'Amour. Ce jeune homme devait, après la mort de son père, hériter d'une fortune considérable. Il devint amoureux d'Arsènia, et supplia son père de la demander, pour lui, en mariage. Le père, chérissant son fils, céda à ses instances, et dit un jour à notre Arsènia, à la suite d'une conversation où il apprit qu'elle était libre de sa main : Vous avez tant de talens et de charmes, mademoiselle, qu'ils ont séduit mon fils. Je me suis chargé de vous dire qu'il serait bien heureux, et moi aussi, si vous daigniez faire tomber votre choix sur lui.

Arsènia connaissait le jeune homme ; elle le trouvait très-aimable, et, craignant d'être punie par le célibat d'un nouveau refus, elle allait répondre affirmativement, lorsqu'à son grand étonnement, Pretty, qui était là, se mit à faire une longue file de *oua, oua; oua, oua, oua, oua, oua, oua, oua, ouaq!*

Elle comprit qu'il ne lui conseillait pas cet hymen, et elle refusa le plus poliment qu'elle put.

Mais, quand elle fut chez elle, elle s'empressa de demander à Pretty pourquoi il l'avait empêché d'accepter un parti aussi riche, aussi sortable. — Ma bonne maîtresse, lui répondit le chien, vous trouverez mieux que cela..

— Mieux que cela! Un jeune

homme bien fait et qui aura plus de vingt mille livres de rente ! — Celui qui vous aime en a plus de cent mille ; bah ! plus d'un million. — Quelqu'un m'aime, Pretty ? — Oh ! oui, ma belle maîtresse, et de toutes les forces de son âme. — Me l'a-t-il dit ? Je ne l'ai jamais vu. — Vous l'avez vu, et il vous a déjà donné des preuves de sa tendresse. — Tu te trompes, personne n'est venu me parler d'amour. — Il n'a pas osé, attendu qu'il est si laid, si laid ! Oh ! si le sort lui a donné une fortune immense, il ne l'a pas favorisé du côté de la figure. — Je ne regarderais point à la figure s'il avait un bon cœur. — Oh! un cœur bon, sensible, tel que le vôtre l'est à présent. — Voilà une chose bien étonnante. Tu parles de lui!... Il t'a donc pris pour son confident? — Pouvait-il en choisir un qui connût mieux tout l'excès de son amour! — Est-il jeune? — Il l'est... il le sera toujours. — Toujours, je ne comprends pas... Mais pourquoi ne s'est-il pas déclaré? — Il a craint de vous choquer par sa hardiesse, et sur-tout par sa figure, qui ne prévient pas en sa faveur. — Quel qu'il soit, je veux le voir, le dissuader de s'attacher ainsi à une orpheline qui a commis tant de fautes, qui en a été bien justement punie, et qui n'a pas besoin, pour s'en repentir, de la triste solitude dans laquelle elle est tombée. — Est-il vrai que vous sentiez enfin vos torts? belle Arsènia! — Oh! ils sont irréparables. — Non, ils ne le sont pas.

Un bruit qu'Arsènia entendit derrière elle, la fit tourner la tête ; c'était un meuble qui s'était renversé. Elle se levait pour le relever, lorsqu'elle se sentit presser par une main qui la força de se rasseoir. Quelle fut sa surprise de voir la chaise sur laquelle elle était assise, changée en un sopha couleur de rose, des plus élégans, et à ses pieds un jeune homme qui lui serrait la main, en la regardant tendrement.

Vous ne voyez plus, lui dit ce jeune homme, votre joli petit chien, mais un amant non moins fidèle que lui. Vous remarquez, sur ma tête, le même chapeau, la même dentelle que je portais étant Pretty. J'abandonne ce déguisement pour vous offrir un époux qui brûle d'obtenir de vous ce titre précieux. — Qui êtes-vous? lui demande Arsènia. — Je suis le fils de la fée qui, par les mains d'un roi et d'une reine, vous a fait parvenir un trésor, à vous destiné dès votre naissance. Ma mère, désirant vous éprouver pour vous pardonner ensuite, m'ordonna de prendre la forme de Pretty, pour vous donner de sages conseils. Je vous vis, je vous aimai sur-le-champ ; mais je suis si laid de figure que je n'osai pas me montrer.

Arsènia le regarda et, ne le trouvant pas tout-à-fait si mal qu'il voulait bien le dire, elle lui répondit : Quoi, vous étiez ce bon Pretty ! — Seulement pour vous accompagner, et ici pour causer avec vous. Dans les autres momens où je paraissais dormir, et toutes les nuits sur-tout, j'allais retrouver ma mère, laissant ici un simulacre de chien, que je venais ranimer quand je pouvais vous être utile à quelque chose. J'ai, moi-même, le don de la féerie, et si vous daignez accepter ma main, vous n'aurez, dans le monde, rien à désirer.

Le faux Pretty n'était pas beau à la vérité, mais, du reste, il était extrêmement aimable. Il devint l'époux d'Arsènia, qu'il rendit fort heureuse, quoiqu'elle eût épousé, ainsi qu'on le lui avait prédit, un petit *chien coîffé*.

Son bonheur ne doit pas engager les jeunes filles orgueilleuses et coquettes à faire comme elle; car, aujourd'hui qu'il n'y a plus de fées, elles n'ont pas de fils à marier, et le conte du *Chien*

*Coîffé* pourrait bien avoir le dénouement de la Dédaigneuse et du Héron de la fable.

# GOURMANDINET,

## OU LA FÉE BEURLINGUETTE.

Je finis ce recueil, mes enfans, par un petit conte bien court, mais qui pourra donner une utile leçon à plusieurs d'entre vous.

Fanfan avait neuf ans, et il était si gourmand que tout le monde lui avait donné le surnom de Gourmandinet. Cela était bien honteux pour lui, mais il n'en sentait pas le ridicule, et semblait au contraire prendre, tous les jours, plaisir à le justifier.

Comme on le tenait très-ferme

chez ses père et mère, on le suivait par-tout dans le jardin. On lui défendait même d'entrer dans la cuisine, de peur qu'il n'y prît quelque friandise. Cela n'empêchait pas qu'il ne trouvât toujours le moyen d'aller dérober des fruits. Un dimanche que ses parens étaient allés à la messe, Gourmandinet étant resté à cause d'une légère indisposition, il échappa à la surveillance de sa bonne, se glissa d'allée en allée jusque derrière une charmille de forts groseillers, et là, il s'en donna à cœur joie.

Il devint bien rouge cependant quand il vit paraître devant lui une belle dame d'un certain âge qui lui dit : Ne t'effraie pas, Gourmandinet; je suis ta marraine ; je ne t'ai pas vu depuis six ans, et aujourd'hui, je vais t'emmener à ma campagne pour y passer quelques jours. Seras-tu content ? — Oh, oui, mada... ma marraine. — On dit que tes parens sont sortis ? — Ils vont revenir, ma marraine. — Continue ; mange toujours des groseilles ; cela me fera plaisir. Oh ! je ne te priverai de rien chez moi.

— Merci, ma marraine. — Cesse cependant ; car voilà ton père et ta mère.

M. et madame Grandin se présentent et disent : Eh, c'est madame de Folleville ! — Bonjour, mes amis, répond la dame. Vous avez reçu une lettre de moi ? — Cela est vrai, répond M. Grandin ; mais vous nous marquez que vous ne viendrez que dans huit jours, et vous voilà aujourd'hui ? — J'ai hâté mon voyage. Je brûlais de voir, de posséder mon petit filleul, et je l'emmène aujourd'hui, comme je vous l'ai demandé. — Madame, il est à vous ; mais, pour la semaine seulement, et veillez bien sur lui ; car il est si gourmand ! — Ne craignez rien, il est en bonnes mains.

On dîna ; puis madame de Folleville monta dans sa voiture avec Gourmandinet, qu'elle emmena à sa maison de campagne, située à une lieue.

Madame de Folleville avait une fille de douze ans, qu'elle donna pour compagne à Gourmandinet ; puis elle dit à ce dernier : Ah ça, mon garçon, je suis obligée d'aller dans une de mes terres. Pendant mon absence, tu auras ici tout ce que tu voudras. Tu cueilleras dans le jardin tous les fruits qui te plairont. Ma domestique a l'ordre de ne te rien refuser. C'est comme cela que j'ai élevé ma fille. Oh! je ne ressemble pas à tes parens, moi; je ne gêne les enfans sur rien. Bonsoir ; à demain.

Le lendemain, madame de Folleville partit. On était à la fin de l'été ; Gourmandinet courut au jardin, et mangea en quantité des prunes, des poires, du raisin, tout ce qu'il voulut. A déjeûner, à dîner, à goûter, à souper, la cuisinière lui servit, ainsi qu'à la petite fille, qui mangeait tête à tête avec lui, des mets exquis, des pâtisseries, des fromages à la crême, des confitures en quantité. Cette cuisinière se retirait sans mot dire, quand elle avait servi ses plats, de manière que nos deux enfans dévoraient tout ce qu'ils voyaient. Quelle fête pour Gourmandinet !

Mais Gourmandinet s'en donna tant, et à table et au jardin, pendant six jours, que les meilleurs fruits, les plus beaux mets, tout finit par le dégoûter : bien plus, il se sentit si malade, si malade, que, craignant de mourir là, il résolut de ne pas attendre le retour de sa marraine, dont l'excès de licence lui paraissait blâmable au fond du cœur. Il partit à pied, et ce fut tout ce qu'il put faire que d'arriver chez ses père et mère, auxquels il fut forcé d'avouer les excès auxquels il s'était livré.

Il était si pâle, si souffrant, qu'on le mit au lit, où bientôt la plus violente indigestion le conduisit aux portes de la mort. Il fut condamné par tous les médecins, et ses parens, au désespoir, allaient recueillir son dernier soupir, lorsqu'on vit revenir madame de Folleville.

Qu'avez-vous fait, madame? lui disent M. et madame Grandin en fondant en larmes. Approchez-vous de ce lit de douleur; voyez dans quel état vous avez mis notre malheureux fils ! — Moi ! répond madame de Folleville. Eh ! voilà la première fois que je le vois depuis le jour de sa naissance. J'arrive, à l'instant même, de ma terre, que je n'ai pas quittée depuis six mois. Ma lettre a dû vous apprendre que j'y étais toujours. Comment aurais-je pu rendre votre fils malade, puisque je viens vous le demander aujourd'hui ? — Comment, vous ne l'avez pas emmené dimanche dernier à votre maison de campagne ? — Dimanche! moi? j'étais à quarante lieues d'ici, et je n'ai plus ma maison de campagne ; je l'ai vendue l'hiver dernier.

Il s'élève, entre ces trois personnes, une querelle qui va finir par des injures, lorsque tout-à-coup on entend des éclats de rire sortir d'une bouteille qui était sur la cheminée. La bouteille se casse, et, à sa place, on voit paraître une petite vieille toute décharnée qui dit, en riant : Bonjour, monsieur et mesdames; ne vous disputez pas tant pour une chose que je vais vous expliquer. Je suis la fée Beurlinguette ; mon seul plaisir est de faire des malices aux petits enfans ; j'ai voulu m'amuser sur le vôtre, et lui faire sentir qu'on ne retient les enfans sur la nourriture que pour leur bien uniquement, pour qu'ils ne soient jamais malades. Ainsi donc, sachant que madame de Folleville vous avait écrit, j'ai pris sa figure; j'ai emmené le petit bonhomme dans une prétendue maison de campagne créée par le moyen de ma baguette, où je n'ai jamais été plus contente que de le voir se donner une bonne indigestion; mais si j'ai fait le mal, je puis le réparer; car, au fond, je ne suis qu'espiègle, et pas du tout méchante.

Elle touche l'enfant, qui revient à la vie; puis elle ajoute : Adieu, je vais m'égayer sur d'autres enfans qui sont aussi pleins de défauts. En sortant d'ici, j'ai à punir de diverses manières, dans votre quartier seulement, une menteuse, un sournois, un petit mauvais cœur, trois orgueilleux, dix répondeurs et trente-six gourmands comme celui-ci.

Elle disparut, et Gourmandinet devint aussi sobre qu'il avait été glouton, tant il eut peur que la fée Beurlinguette ne revînt lui jouer un nouveau tour.

Enfans ! méditez ces leçons et

songez bien qu'en contentant vos parens, vous préparez votre bonheur à vous-même.

FIN.

# TABLE DES CONTES DE CE VOLUME.

LE ROYAUME DES PAPOUFFES. Page 1

*Règne de* VENTRU, *second du nom.* *Ibid.*

*Règne de* CANDOR I<sup>er</sup>. 37

BISCOTIN. 65

LA MAISON VOLANTE. 122

LE PETIT CHIEN COIFFÉ. 153

GOURMANDINET, ou *la fée Beurlinguette.* 195

FIN DE LA TABLE.

IMPRIMERIE DE CHAIGNIEAU JEUNE.

www.ingramcontent.com/pod-product-compliance
Lightning Source LLC
Chambersburg PA
CBHW071944160426
43198CB00011B/1539